Ralph Ludwig
Der Erzähler

14.3 —

28.3

11.4

25.4

09.5

23.5

Johann Peter Hebel
1760 – 1826

Ralph Ludwig

Der Erzähler

Wie Johann Peter Hebel
ein literarisches Schatzkästlein schuf

*Herausgegeben von Uwe Birnstein
in der Reihe „wichern porträts"*

Wichern-Verlag

 Ralph Ludwig, Dr. theol., geboren 1943, war zunächst Pfarrer in Heidelberg, dann von 1983 bis 2006 Redakteur beim Norddeutschen Rundfunk (Religion und Gesellschaft). Heute arbeitet er als Schriftsteller. Zahlreiche Veröffentlichungen zu theologischen Themen. In der Reihe *wichern porträts* sind von ihm erschienen: Die Prophetin. Wie Dorothee Sölle Mystikerin wurde (2008); Der Querdenker. Wie Helmut Gollwitzer Christen für den Frieden gewann (2008); Der Herrnhuter. Wie Nikolaus von Zinzendorf die Losungen erfand (2009).

Zitate von Johann Peter Hebel sind kursiv gesetzt.

Wichern-Verlag GmbH, Berlin 2010
Umschlag: Glutrot GmbH, Berlin
Satz: NagelSatz, Reutlingen
Druck und Bindung: Elbe Druckerei Wittenberg GmbH
ISBN 978-3-88981-286-5

Inhalt

VORWORT
– 7 –

ERSTES KAPITEL
Berühmt, doch mit bescheidenem Beginn
– 9 –

ZWEITES KAPITEL
Die Heimat verloren und wiedergewonnen
– 14 –

DRITTES KAPITEL
Auf der Wartebank
– 22 –

VIERTES KAPITEL
Lieben und Lassen
– 32 –

FÜNFTES KAPITEL
Vom Schulmeister zum Erzieher
– 48 –

SECHSTES KAPITEL
Der Dichter auf Zeit
– 57 –

5

SIEBTES KAPITEL
Der Kalendermann
– 67 –

ACHTES KAPITEL
Religion bleibt ein Geheimnis
– 86 –

NEUNTES KAPITEL
Die Kirche und die Konfessionen
– 99 –

ZEHNTES KAPITEL
Alter ist nicht wirklich schön
– 110 –

Lebensdaten
– 115 –

Bibliografie
– 117 –

Bildnachweis
– 118 –

Zitate
– 119 –

Vorwort

Johann Peter Hebel bin ich auf zwei grundlegend verschiedene Weisen begegnet. Das erste Mal kam mir der „Erzähler" entgegen – im „Badischen Lesebuch" für die Volksschulen. Dem Fünftklässler erschien er als gemütlicher Mann, er passte ganz gut zu dem Bild, das ich etwa zur gleichen Zeit in einer Lörracher Buchhandlung sah, ausgestellt zu einem Hebeltag: leise lächelnd, erhobener Zeigefinger, schelmischer Blick.

Das zweite Mal kam mir ein nachdenklicher, fast möchte ich sagen: weiser Mann entgegen, der mir, angehender Theologe, eine unvergessene Lehre weitergeben könnte. Ich hörte aus dem Landesstudio Tübingen den Philosophen Ernst Bloch über eine Erzählung Hebels sprechen, das „Unverhoffte Wiedersehen" – die wehmütig-traurige Erzählung eines jungen Paares, das vor der Hochzeit getrennt wird. Der Mann wird im Bergwerk verschüttet, sein unverwester Leichnam kommt nach fünfzig Jahren wieder zum Vorschein. Die gealterte Braut begräbt ihn – und Hebel schließt die Geschichte mit den Worten: *Was die Erde einmal wiedergegeben hat, wird sie ein zweites Mal auch nicht behalten.* Ich erinnere mich der einzelnen Worte nicht mehr, mit denen Bloch diese Erzählung interpretiert hat, aber als ich dieses Porträt zu schreiben begann, habe ich sie wiedergefunden. Die Erzählung Hebels spreche nicht von einer „Wiedergutmachung", sondern sie sei getragen von einer grundlegenden Hoffnung, einer „Utopie". Die Religion Hebels (und nicht nur seine) sei „eine Hoffnung, die nicht einmal fundiert zu sein braucht, sondern, wie Heraklit (der griechische Denker) sagt: Wer das Unverhoffte nicht erhofft, wird es nicht finden … Es gibt etwas Inwendiges, das auswendig werden will, und etwas Auswendiges,

7

das inwendig werden könnte als unabgegoltene Möglichkeit."

Eine Tiefe des Denkens, die Bloch bei Hebel entdeckt hat, hat mich fasziniert. Ich fand sie in seinen Gedichten und vor allem in seinen Briefen wieder. Neu entdeckt habe ich sein unbeschwertes Verhältnis zur Religion, die konfessionelle und dogmatische Grenzen überschreitet. Er lässt der Religion ihrer Heimat im Gefühl, stellt sie konfliktlos neben die aufgeklärten naturwissenschaftlichen Betrachtungen. Die heitere Leichtigkeit seiner Geschichten entsprang – auch das ist eine neue Entdeckung – einem eher introvertierten Gemüt.

Seine lebenslange Sehnsucht nach dem heimatlichen Markgräflerland ist oft beschrieben worden. Ich kann sie gut nachfühlen.

Hannover, im Februar 2010   Ralph Ludwig

ERSTES KAPITEL

Berühmt, doch mit bescheidenem Beginn

Liebliche Klänge

Der Ruhm kam unverhofft. Da hatte an einem sonnigen Augusttag des Jahres 1799 im Wirtshaus „Zur Sonne" auf dem Dobel nahe Herrenalb der neununddreißigjährige Johann Peter Hebel Quartier gemacht. Eigentlich suchte der außerordentliche Professor am Gymnasium illustre in Karlsruhe nur Erholung. Er hatte die ersten Ferientage genutzt, um aus der staubigen Rheinebene das Albtal hinaufzuwandern und droben die frische Bergluft zu genießen. An seine Freundin Gustave Fecht im südbadischen Weil schrieb er Ende August: *Hier wollte ich alle Morgen von 6–8 Uhr spazieren gehen, dann heim den Caffe trinken, und bis 12 Uhr behaglich an den Kirchengebeten arbeiten, lesen, Briefe schreiben, nachmittags mich dem Zufall und mir selber überlassen.* Es kam anders. Den Kaffee trank er zuerst, ging spazieren, wann ihn die Lust überkam, spielte abends Karten mit dem Wirt oder Gästen, bekam gerade mal zwei Gebete zustande. Dass der Ausflug sein Leben ändern würde, konnte er nicht ahnen. Erst später wurde ihm bewusst, dass eine zufällige Wahrnehmung diesen Wandel ausgelöst hatte. Durch das offene Fenster hatte er ein Ehepaar miteinander sprechen gehört – es ging um einen Vogel, den die beiden beobachtet hatten. Dass sie eine Wachtel für eine Amsel hielten, irritierte ihn weniger als die Tatsache, dass die beiden sich in Berndeutsch unterhielten. *Sie glauben nicht, wie lieblich mir diese bekannten Töne so unerwartet ins Ohr fielen.*

Die lieblichen Töne seines heimatlichen Dialekts – oder wenigsten diesem ähnlich: dieselbe Stoßbetonung, dieselbe singende Satzmelodie, das deutliche Versmaß – sicher etwas gutturaler die Aussprache, aber dennoch *lieblich*. Als ob vertraute Klänge aus der Kindheit herübertönten, ein wenig Zuhause in der Fremde. Heiter und gesund sei er nach Karlsruhe zurückgekehrt und dort frisch an die Arbeit gegangen. Nicht im Gymnasium illustre, sondern am Schreibtisch. Dort lagen die ersten Texte seiner „Alemannischen Gedichte", jener Sammlung, die ihn einmal berühmt machen sollte. Aber bis dahin war es noch ein gutes Stück Weges. Drei Jahre lang gärten die Texte in ihm. Das kurze Gespräch des Berner Monokelträgers mit seiner Frau im Garten des Wirtshauses war sicher nicht der einzige Auslöser für den Plan, die heimatlichen Klänge poetisch zu verdichten. Aber braucht man nicht immer wieder eine Ermutigung, um einer Idee die Tat folgen zu lassen? Zweifel gab es genug: Wirkte ein Professor nicht lächerlich, der sich heimlich als Dichter versuchte, noch dazu in einer Mundart, die man nicht einmal im Unterland, in der Residenz, richtig verstehen konnte?

Hebel selbst war unsicher. Erst sechs Monate später, im Februar 1801, erklärte er sich seinem lebenslangen Freund Friedrich Wilhelm Hitzig, Pfarrer in Rötteln bei Lörrach. *Meine Liebhaberei in den Nebenstunden ... hat sich in ein eigenes Fach geworfen. Ich studiere unsere oberländische Sprache grammatikalisch, ich verifiziere sie, herculeum opus!, in allen Arten von metris, ich suche in dieser zerfallenen Ruine der altdeutschen Ursprache noch die Spuren ihres Umrisses und Gefüges auf, und gedenke bald eine kleine Sammlung solcher Gedichte mit einer kleinen Grammatik ... in die Welt fliegen zu lassen.* Er bat den Pfarrer um dessen Urteil und schickte zur Probe *ein paar Jamben*. Gleichzeitig setzte er auf des Freundes Stillschweigen: *Vorderhand bitte ich indessen, darüber stille zu sein, ich weiß nicht, ob ich meinen Namen dazu hergeben werde.* Und als er Hitzig eine erste Probe schickte, den „Statthalter von Schopfheim", schrieb er dazu: *Es ist die Geschichte 1. Samuel 25, Vers 2, 42 im Oberländer Dialekt, in Hexametern, die Szene ist im Schopfheimer Kirchspiel. Hab' Spaß daran, wenn du kannst, und teil's nicht mit und nenn meinen Namen nicht. Ich leugne wie ein Dieb.* Selbst als die ersten 1300 Exemplare der „Alemannischen Gedichte für Freunde ländlicher Natur und Sitten" gedruckt wurden, bestand er darauf, dass lediglich die Initialen seines Namens unter dem Titel erschienen. Erst die zweite Auflage trug den vollen Namen: J. P. Hebel, Professor in Carlsruhe. Sie musste schon nach drei Monaten nachgedruckt werden, die Gedichte wurden zum Bestseller in ganz Deutschland. Jean Paul schrieb begeistert in der „Zeitung für die elegante Welt", Goethe sprudelte über vor Begeisterung, Hebel war mit einem Schlag berühmt. Und sein Name hatte von da an einen guten Klang in der Residenz. Ihn selbst überraschte der Erfolg.

Mundart und Literatur

Freilich: Das waren andere Zeiten. Da fand eine Poesie in einer Mundart ein Echo in ganz Deutschland – und dann auch noch in der alemannischen. Eine schriftdeutsche Übersetzung – das war für Hebel undenkbar. Als der Vorschlag kam, war er entsetzt, *denn die gefälligste Naivetät meines Landmädchens ist nicht mehr das, was sie war, sobald es sich in modischer Kleidung produziert.*

Hat Hebel darum heute seine Bedeutung als Literat verloren? Seine Gedichte jedenfalls gehören nicht zum Schatz unverlierbarer deutscher Poesie – man sucht sie vergeblich in Anthologien und Sammlungen. Selbst die schriftdeutschen Texte, die Kalendergeschichten, früher fester Bestandteil vieler Lesebücher in den Schulen, sind nicht mehr bekannt. Aber Geschichten sind nicht weniger wahr, wenn sie nicht mehr gelesen werden, und wer die unglaubliche

Dichte der Bilder in seinen Gedichten und die unnachahmliche, gar nicht biedermeierlich-beschauliche Erzählkunst
der Kalendergeschichten wahrnimmt, betritt eine Welt, in
der die Maßstäbe des Großen, Bedeutenden rasant relativieren: Die kleine Welt vor der eigenen Tür wird zum Gleichnis der großen Geschichte. Seine religiösen Einsichten mag
mancher geschmäcklerisch finden. Aber der erste höchste
Repräsentant der Badischen Landeskirche, Prälat Hebel, hat
sich das Recht genommen, eine eigene, recht unorthodoxe
Ansicht des christlichen Glaubens zu vertreten. Diese trug er
aber nicht öffentlich und wie ein Transparent vor sich her,
das war nie seine Art. Aber er tastete vorsichtig in eine Welt,
die dem Verstand nicht zugänglich ist. Und das mit Humor
– selbst oder gerade in der Religion. Theodor Heuß hat in
einer bedeutenden Rede aus dem Jahr 1952 von Hebel
behauptet, „in der Geschichte der Theologie hat er keine
Rolle". Das mag zutreffen, die Theologiegeschichte verdankt
Hebel in der Tat keine großen Einsichten. Sehr wohl aber
hat seine Religiosität einen eigenen Weg gefunden zwischen
Aufklärung und Pietismus, zwischen gelehrter Universitäts-
theologie und häuslich eingerichteter biederer Frömmigkeit,
und sie ist weiß Gott mehr als jene „simple Gläubigkeit", die
der erste Bundespräsident Hebel attestierte. Hebels Theologie war eine besondere, eine erzählend-erzählerische, undog-
matische, nicht an Glaubenssätzen, sondern am religiösen
Bedürfnis und am Gefühl orientierte Theologie.

Ein erstaunlicher Aufstieg

Neben diesen Einzelaspekten gibt es noch eine andere,
durchaus rätselhafte Seite an der Person Hebels: seinen un-
glaublichen Aufstieg vom Wiesentäler Buben zum Prälaten,
dem höchsten Repräsentanten der badischen Landeskirche,
und zum Mitglied der badischen Abgeordnetenkammer.

Ausgerechnet ein Mann, der eher literarisch als politisch begabt war, machte eine politische Karriere. Er begann als Hilfslehrer am Pädagogium in Lörrach, wurde 1791 nach Karlsruhe ans Gymnasium berufen, dort nach sieben Jahren zum Professor, zehn Jahre später zum Direktor, gleichzeitig zum Kirchenrat. Seine Heimatstadt wurde Karlsruhe, fern vom ersehnten Oberland. Auch wenn er gelegentlich über die Stadt und die Landschaft lästerte: Der Wiesentäler genoss die Nähe zum großherzoglichen Hof und zur gebildeten Gesellschaft in der Residenz. 1814 musste er das Direktorium der Schule aufgeben, er wurde in die Ministerialsektion berufen und 1819, er war neunundfünfzig Jahre alt, zum ersten Prälaten der evangelischen Landeskirche ernannt, was er zugleich als Ehre und als beklemmend empfand. *Ich bin zuletzt mit einer in unserer vaterländischen Kirche noch nie erhörten Würde geehrt worden und mit Fürsten im Rat gesessen. So bin ich an einer unsichtbaren Hand immer höher hinan, immer weiter von dem Ziel meiner bescheidenen Wünsche hinweggeführt worden.*

Das Ziel seiner bescheidenen Wünsche war eine Landpfarrei in einem Dorf im Markgräflerland oder Wiesental – im Oberland, seiner Heimat.

Dass es ganz anders kam, dafür gibt es keine Erklärung. Nicht die Tatsache, dass er sich nie um eines dieser Ämter bemüht hat. Seine Bescheidenheit und Zurückhaltung in Gesellschaften kann es auch nicht gewesen sein. Allerdings muss er durch seine Präsenz gewirkt haben, sein ruhiges Auftreten gemischt mit einer Portion Humor muss überzeugend gewesen sein. Doch alles Äußerliche ist lediglich Schein, dessen war Hebel sich immer bewusst. Darüber hat er nie jemanden im Unklaren gelassen. Darum war es ihm wohl selbst lebenslang ein Rätsel, wie es kommen konnte, dass er, ein eher nach innen gekehrter Erzähler und Dichter, zu einem der ersten Männer im Lande wurde. Zumal sein Start ins Leben voller Hindernisse war.

ZWEITES KAPITEL

Die Heimat –
verloren und doch nicht verloren

Das „Hebelhaus" in Hausen.
Hier verbrachte Hebel
die Hälfte seiner Kindheit.

Die Mutter stirbt

Am 16. Oktober 1773, nachmittags gegen sechzehn Uhr, hielt ein Ochsengespann auf dem Weg zwischen den Dörfern Brombach und Steinen. Der Fuhrmann, der Hausener Vogt Maurer, hielt an, weil ihn das Aufstöhnen der kranken Frau hinter ihm beunruhigt hatte. Doch als er gemeinsam mit dem dreizehnjährigen Sohn nach ihr sehen wollte, konnte er nur noch ihren Tod feststellen. Der Junge konnte wohl kaum absehen, wie tief dieser Moment sein Leben verändern würde, konnte er doch kaum begreifen, was geschehen war. Jedenfalls erzählte er später, er habe mit kindischem Leichtsinn auch das Aufsehen genossen, das die traurige Fuhre bei der Ankunft in Hausen auslöste.

Eigentlich hatte sich seine Mutter, die Witwe Ursula Hebel, ganz gut zurechtgefunden, nachdem ihr Mann und acht Tage später auch die kleine Schwester gestorben waren. Da war der kleine Hans Peter war gerade ein Jahr alt. Die Einundvierzigjährige behielt den Jahresrhythmus bei, den sie sich mit ihrem verstorbenen Mann angewöhnt hatte: Den Winter über lebte sie mit ihrem Sohn in ihrem Elternhaus in Hausen im Wiesental, den Sommer verbrachte sie als Dienstmagd im Hause ihrer Basler Herrschaft, der Familie Iselin. Der kleine Junge wuchs in zwei Umgebungen auf. Zum einen in der städtischen, vornehmen, gesitteten der Basler Bürgergesellschaft: Er spielte auf dem Petersplatz und in den Gassen der St. Johanns-Vorstadt, ging sommers auch in die St. Peterschule und im Sommerhalbjahr 1772 zum Gymnasium am Münsterplatz. *Ich bin bekanntlich in Basel daheim vor dem Sandehansemer (baseldeutsch für St. Johanner) Schwibbogen das zweite Haus,* schrieb Hebel in einem Brief als Fünfundsechzigjähriger und benannte so auch sein Geburtshaus, in dem er am 10. Mai 1760 zur Welt gekommen war.

Basel aber war nur die Sommerheimat. Hausen im Wiesental, 15 Kilometer von Lörrach entfernt, die Wiese hinauf Richtung Quelle am Feldberg, die Winterheimat: das Dorfleben, die Streiche mit den Spielkameraden, der strenge Dorfschulmeister Andreas Grether, der den Kleinen den Ernst des Lebens mit deutlicher Handschrift klar machte und an den sich Hebel später in seinen Kalendergeschichten mit Humor erinnerte: *Merke: Erstens, dass das Büblein das Bildnis des Schulherrn an die Tür gezeichnet hat, ist wahr. Die Kohle lag da, die Türe war noch nagelneu und nahm's an, und der Schulherr war leicht zu treffen. Zweitens, dass das Büblein dafür Schläge bekommen hat, ist auch wahr. Es waren nicht die ersten, auch nicht die letzten, auch nicht die schlechtesten, und hat der Schulherr wohl daran getan. Dass aber drittens derselbe von dieser Zeit an dem Büblein feind gewesen sei und es misshandelt habe, das liegt neben draus, und zwar links, und getraut sich nicht mit der Wahrheit zu bestehen.*

Die Bergweiden – alemannisch: Matten – und Felder, die Bäume und Sträucher, die Berge und Bäche gehörten den Jungen und Hebel nahm aus diesem selbstverständlichen Umfeld für sein weiteres Leben die Liebe zur Natur mit.

Den frühen Verlust der Mutter wollten manche Biografen als unstillbare Quelle einer Sehnsucht verstanden wissen. So als entspringe dieser Quelle die Liebe zum Alemannischen ebenso wie die unstillbare Sehnsucht nach dem Oberland. Mag sein, dass dies zusammenhängt. Auch sein lebenslanger Wunsch, Pfarrer zu werden, der sich oder den er sich, obwohl es möglich gewesen wäre, nie erfüllt hat, mag mit seiner Mutter zusammenhängen. Doch Hebel war viel zu sehr Realist, um sich an unstillbare Sehnsüchte zu hängen. Er war sich der Ambivalenz sowohl der Mutter als auch der Heimat durchaus bewusst.

Verklärung und Zorn

Was ihm mit der Mutter über die kindliche Geborgenheit hinaus genommen worden war, war eine bewusste Ablösung von ihr. Davon wollen die meisten Biografen nichts wissen. Wohl aber er selbst. Albert Preuschen, sein erster Biograf, berichtet in seiner 1843 erschienenen Lebensbeschreibung Hebels von zwei Traumaufzeichnungen, die belegen, dass dem Fünfundvierzigjährigen, nunmehr erwachsenen Mann seine Mutter in doppelter Gestalt im Traum erschien: fürsorglich und ablehnend zugleich. Am 5. Januar 1805 notierte Hebel: *Sehr oft gibt mir der Traum meine Mutter wieder, und ich bekomme sie immer nur unter einer von zwei Gestalten. Entweder ist sie erzürnt und will nichts von mir wissen, oder sie erscheint in der Verklärung der nächsten und mütterlichen Milde und hat Vergnügen an meinen Liebkosungen. Immer habe ich das Bewusstsein dabei, dass ich sie lange entbehrt habe, und das Gefühl, dass ich sie nicht lange haben werde.*

Verklärung und Zorn – eine deutliche Ambivalenz, in der Hebel seine Mutter wahrnahm. Eine bewusst gestaltete Nähe und Distanz zu ihr, die sich erst in der Auseinandersetzung eines heranwachsenden und schließlich erwachsenen Sohnes mit seiner Mutter herauskristallisiert, war ihm nicht möglich gewesen. Mit seiner Vorbereitung auf das Theologiestudium erfüllte er den Wunsch der Mutter. Pfarrer sollte er werden – das war sowohl ihr als auch sein eigener Wunsch. Als Knabe schon hatte er gelegentlich in der Küche Predigen gespielt. Hat dieses ambivalente Verhältnis zur Mutter ihn lebenslang bedrängt? Den Traum konnte er jedenfalls selbst nicht einordnen, ihm war rätselhaft, warum er sich nie fragte, *wo sie bisher war, oder wie sie mir wieder worden ist. Es ist mir dunkel zu Sinne, als ob ich bisher nicht gewusst hätte, dass sie noch lebe.*

Erst wesentlich später schien ihm die Ablösung geglückt. Am 3. Juni 1812, Hebel war zweiundfünfzig Jahre alt, gesellte sich seine Mutter im Traum aus dem Grabe zu ihm. Mit ihr kam er an das gemeinsame Haus – *mir war so wohl, sie jetzt wieder zu haben, und ich erzählte ihr, wie ich oft um sie weinte, wenn ich an dem Hause vorbeiging, worin sie nicht mehr war. Sie blieb kalt und unteilnehmend und verlangte nicht in dieses, sondern in einer Nachbarin Haus. Auch dort blieb sie gegen ihre Freundin so. Ohne wieder fortzugehen, waren wir hernach doch in Schopfheim im „Löwen".*

Die feindliche Mutter, kalt und unteilnehmend, kehrte nicht mit ihm in die vertraute Umgebung zurück. Es gab keine Rückkehr, allem Wünschen zum Trotz – das war dem Erwachsenen klar. Trotzdem: Seine Mutter war ihm gegenwärtig und die Gefühlsmischung mag ihm lebenslang Grenzen gesetzt haben, was sein Verhältnis zu Frauen anging – eine bewusste Liebesbeziehung einzugehen und zu halten blieb ihm verwehrt.

Auf jeden Fall scheint es überzogen, seine unerfüllte Sehnsucht nach der Oberländer Heimat mit dem frühen Verlust der Mutter zu verknüpfen. Trifft auf Hebels Heimatgefühl nicht viel mehr zu, was der Philosoph und Hebelliebhaber Ernst Bloch schrieb: Heimat sei, „was jedem in die Kindheit scheint und worin noch niemand war". Für Hebel war Heimat nicht der Gegenstand einer romantisch überhöhten Sehnsucht oder eines biedermeierlichen Weltverzichts.

Die Welt wird heimatlich

„Wenn Du die Welt beschreiben willst, beschreibe Dein eigenes Haus." Das hat der Dichter Jean Paul seinen Zeitgenossen empfohlen. Der Dichter, den Hebel so geliebt und dessen Rat er auf seine eigene, neue Weise beherzigt hat. Er hat die Welt zur Heimat gemacht, indem er in seinen Erzählungen die Ereignisse aus der Fremde in heimatliche

Szenarien verwandelt hat. So wird die Heimat zum Symbol der Verständigung mit der Welt.

Von diesem symbolischen Kommunizieren mit der Heimat kann man das reale unterscheiden. Im Sommer 1811, unmittelbar nach einer Reise ins Oberland, schrieb Hebel aus Karlsruhe an Gustave Fecht und Karoline Günttert ins Pfarrhaus nach Weil: *Wo man nicht gerne ist, und doch hin soll, wird jeder Schritt und jede Minute lästig, und wo man gerne wäre, dauerts so kurz. Wenn ich alles reiflich überlege, warum ich mir den Genuss der Ferien, die Ruhe und Bequemlichkeit hier in der Stadt versage, und ins Oberland reise … so finde ich zwar manches, worauf ich mich gelegentlich auch freue, was mir süße Wiedererinnerungen gibt, aber am Ende ist's doch nur das Pfarrhaus in Weil, was mich hinauf treibt, wo es mir ganz wohl ist, und nichts anderes.* Seinem engen Freund aus Lörracher Tagen, Friedrich Wilhelm Hitzig, Pfarrer in Rötteln, riet er 1811 zwar einerseits, eine Pfarrstelle in Emmendingen anzustreben, bedauerte andererseits aber auch den Wegzug: *Mein Interesse berechne ich nicht in meinem Rat. Ich möchte, mich angesehen, lieber alle meine Freunde ins Wiesental hineinzenseln, als die wenigen, die ich noch drin habe, hinaus. Jeder nimmt mir etwas mit, du Rötteln und Lörrach und die ganze Wiese von Todtnau bis an den Stettemer Steg. Es wird nimmer viel übrig sein.* Es waren vor allem die Menschen, die ihm Wiesental und Belchen, Rötteln und Basel zur Heimat machten. Als er zwei Zeichnungen von einem dankbaren ehemaligen Karlsruher Schüler erhalten hatte, der ins Oberland gezogen war – sein Mutterhaus und seine Schule –, dankte er ihm mit den Worten: *Beide Stätten sind mir heilig, wo zwei Menschen wohnten, meine Mutter und mein Schulmeister, Andreas Grether, die so vieles an mir taten, denen ich so vieles verdanke.* Was er den beiden im Einzelnen verdankte? Seiner Mutter die Frömmigkeit, die sie ihm vorgelebt hatte. In einer *nie gehaltenen Antrittspredigt vor einer Landgemeinde"*, die er gegen Ende seines Lebens niedergeschrieben hatte, bekannte er: *Der Segen ihrer Frömmigkeit hat mich nie verlassen. Sie hat mich beten gelehrt; sie hat mich gelehrt an Gott glauben, auf Gott vertrauen, an seine Allgegenwart denken.* Und seinem Lehrer hatte er den Weg nach draußen zu verdanken. Grether gehörte wohl unter die Zahl derer, über die er dankbar sagen konnte: *Gott hat mir an Elternstatt wohltätige Berater meiner Jugend und treue Lehrer der weltlichen Weisheit und des geistlichen Berufes gegeben.* Dem ehemaligen Lehrer schickte der Vierundsechzigjährige ein Exemplar der „Biblischen Erzählungen", 1824 erschienen, mit der Widmung: *Die meisten davon sind in Gedanken in der einstigen Hausener Schulstube geschrieben.* Das ist sicher eher erfunden als tatsächlich so geschehen, aber es ist eine tiefe Verbeugung vor dem Mann, dem es tatsächlich zu verdanken war, dass er als begabter Junge zunächst neben der Hausener Dorfschule nach Schopfheim ins Gymnasium gehen konnte, eine Verbeugung vor dem Mann, der schließlich zuriet, den Jungen nach Karlsruhe ins „Gymnasium illustre" zu schicken.

Abschied

Der Abschied vom heimatlichen Wiesental war für den knapp Vierzehnjährigen sicher nicht leicht. Von Tränen oder ziehenden Schmerzen ist uns allerdings nichts überliefert. Vermutlich war der aufgeweckte Junge voller Neugier auf die unbekannte Welt, die ihn erwartete, als er im April 1774 an der Haltestelle „Kalte Herberge" den „Pforzheimer Boten" bestieg, die regelmäßige Postverbindung zwischen Basel und Pforzheim, die ihn nach Karlsruhe bringen sollte.

Karlsruhe empfing ihn herzlich. Von einem übergroßen Trennungsschmerz in den ersten Monaten konnte wohl auch keine Rede sein. In seinen Erinnerungen jedenfalls berichtete Hebel dankbar über die gastliche Aufnahme bei dem Hofdiakonus Gottlieb August Preuschen, bei dem der Waise wohnen und an zwei Wochentagen mittags essen konnte. Preuschen hatte auch an den übrigen Wochentagen für einen Freitischplatz gesorgt. Mit warmen Worten erinnerte sich der alte Hebel an diese Zeit: *Der Kirchenrat Preuschen hat von meinem 17. Jahr an und früher her für meine Erziehung und mein Glück wie ein Vater gesorgt, und ich liebe und ehre daher ihn und seine Familie, wie es das Andenken und die Dankbarkeit für seine Güte erfordert.*

DRITTES KAPITEL

Auf der Wartebank

Ein eifriger Schüler

Das Gymnasium illustre in Karlsruhe bereitete dem jungen begabten Schüler keine großen Schwierigkeiten; offenbar fiel es ihm leicht, zu lernen, er war neugierig und an vielem interessiert und konnte vorzeitig in die „Prima" eintreten, den dreijährigen Abschlusskurs zur Vorbereitung auf das Theologiestudium. Er liebte das Lateinische, sonst wäre er kaum in eine professionelle Gesellschaft zur Pflege des Lateinischen, die „Marco-Badensis Societas Latina" eingetreten. Von dieser Neigung zeugen auch vier Abhandlungen in lateinischer Sprache über Themen wie „Das Misstrauen, das leicht aus einem unglücklichen Schicksal hervorgehen kann".

Im März 1778 jedenfalls erhielt er die fürstliche Zulassung zum Schlussexamen. Er musste zunächst eine öffentliche Disputation zu theologischen Streitfragen absolvieren, dann folgten Prüfungen in allen unterrichteten Fächern und eine Probepredigt. Hebel scheint dem Schulwissen zu dieser Zeit keinen bleibenden Wert zugemessen zu haben, unmittelbar nach der Prüfung verkaufte er seine Schulbücher. Sein sehr gutes Abschlusszeugnis schien ihm auszureichen. Die Karlsruher Gönner – Preuschen und seine Lehrer – rieten dem Achtzehnjährigen, das Theologiestudium in Erlangen aufzunehmen, dem Regelstudienort für lutherische Theologen. Baden hatte damals keine eigene Universität, Freiburg war vorderösterreichisch, Heidelberg gehörte noch zur reformierten Pfalz.

Mäßiger Student und mäßiges Examen

Über die zwei Erlanger Studienjahre ist nicht viel bekannt und auch nicht viel zu erzählen. Hebel scheint das studentische Leben genossen zu haben, wurde wegen seiner Liebe zum Rauchen „Knaster" genannt, besaß einen Hund, war in einer Verbindung, soll sich zweimal duelliert haben. Jedenfalls scheint die Theologie ihn nicht unbedingt gefesselt zu haben, weshalb wohl auch sein Examen, zu dem er sich im Frühjahr 1780 in Karlsruhe zurückmeldete, eher mäßig ausfiel. Genaueres ist darüber nicht überliefert, weil die Prüfungsakten fein säuberlich gereinigt wurden. Von Hebel selbst, als er Zugang dazu hatte? Jedenfalls wurde er am 24. November 1780 unter die „Candidati ministerii ecclesiastici", die Kandidaten für ein Vikariat, aufgenommen. Es folgte eine quälende Wartezeit – fast drei Jahre musste der junge Mann darauf warten, dass man ihn in ein Kirchenamt berief. Und auch dann war er nicht wirklich in gesicherter Position. Im Fragment einer „nie gehaltenen Antrittspredigt vor einer Landgemeinde" notierte der Sechzigjährige: *Elf Jahre lang, bis in das einunddreißigste meines Lebens, wartete ich vergeblich auf Amt und Versorgung. Alle meine Jugendgenossen waren versorgt, nur ich nicht. Ich stand noch da, wie der Profet Jesajas sagt, gleich einem Baume oben auf einem Berge und einem Panier oben auf einem Hügel. Da war es wohl an mir getan, dass mich Gott gelehrt hatte arm sein und nichts haben.*

Es war eine recht bescheidene Lage, in der sich der Kandidat befand. Der Pfarrer in Hertingen, krank und nicht fähig, seine Aufgaben ganz zu erfüllen, nahm ihn als Lehrer für seine Töchter ins Haus, bat ihn, als er sah, welch guten Fang er mit dem jungen Mann gemacht hatte, zu Vertretungen bei pfarramtlichen Tätigkeiten und erreichte, als dieser sich bewährte, sogar, dass Hebel im August 1782 nach eineinhalb Jahren im Hertinger Pfarrhaus zum Geistlichen ordiniert wurde. Aber ließ diese Existenz nicht tausend Wünsche offen? Ein Hilfsgeistlicher ohne festes Einkommen, ohne Kompetenz – das konnte man kaum ein erstrebenswertes Leben nennen.

Lernen macht doch klüger

Immerhin schien der nun Zwanzigjährige begriffen zu haben, dass jugendlicher Überschwang und ungebändigter Freiheitsdrang keinen ernsthaften Menschen ausmachen können. Hebel begann, sich intensiv und voller Eifer zu bilden. Wie ein Schwamm sog er alles erreichbare Wissen auf, notierte, exzerpierte, schrieb ab, hielt Zitate fest – aus Zeitungen und Zeitschriften, aus theologischen Werken. Was die eher karge Hausbibliothek des Hertinger Pfarrers so hergeben wollte und später die Bücherei des Pädagogiums in Lörrach. Vier Quarthefte füllte er mit seiner sauberen Handschrift. Die Auszüge aus den Büchern zeigen, dass Hebel sich zur dogmatisch unbeweglich gewordenen lutherischen Orthodoxie nicht hingezogen fühlte und das Christentum eher als einen Weg zur sittlichen Bildung des Menschen begriff. In einer Predigt aus dieser Zeit zitierte er den Theologen Johann Lorenz von Mosheim mit den Worten: *Der Christ ist ein Mensch, der nach der Ähnlichkeit mit Gott strebt, sein Zweck also Vollkommenheit, Bild Gottes, Erneuerung der Seele. Der Zweck ist groß, unsere Natur schwach. Wir müssen also stufenweise uns zu erneuern suchen.* Eine gemilderte aufklärerische Haltung, die sich damals wohl als Grundton in Hebels Glaubensgefühl eingestellt hat. Doch dem sittlichen Erziehungsgedanken gesellte sich schon in der Hertinger Zeit eine Neigung zu naturmystischen Bildern zu. Weniger zog ihn jedoch der Pietismus an, der damals in voller Blüte stand und viele Anhänger fand. Hebel, der am gleichen Tag in Basel zur Welt kam, als der Gründer der frommen Brüdergemeine,

Nikolaus Graf von Zinzendorf, im fernen Herrnhut die
Augen schloss, schrieb in seine Quarthefte sogar einige Ge-
schmacklosigkeiten aus dem zinzendorfschen Gesangbuch
zum persönlichen Amüsement ab. Zu sehr wich die ver-
spielte und verzärtelnde Sprache des Pietisten von seiner
Sicht der Wirklichkeit ab, er neigte mehr dem Realismus zu.
Darum kam ihm die zinzendorfsche Schwärmerei gelegentlich komisch vor. In seinen Notizen finden sich Passagen
vom „Lämmlein" und von der anbetenden Verehrung des
Blutes und der Wunden Jesu, die er zu seiner Verwunderung
festgehalten hatte. Doch die den Liedern zugrundeliegende
Frömmigkeit war ihm nicht fremd. Sie wurde ihm durch
einen anderen Mann zugänglicher: Heinrich Jung-Stilling,
ein aus dem Bergischen Land stammender Arzt und Pietist,
den der Markgraf 1803 an den badischen Hof geholt hatte.
Noch ehe Hebel ihn in Karlsruhe persönlich kennen lernte,
hatte er ihn in seine Notizen aufgenommen.

Schon damals aber reichte ihm die Theologie offenbar
als geistiger Anreiz nicht aus. Er las Romane und Gedichte,
Biografien und den Briefwechsel des Erasmus von Rotter-
dam – übrigens auch dessen „Lob der Torheit". Er notierte
geschichtliche Ereignisse, sammelte sprachkundliche Arbeiten, setzte naturwissenschaftliche Bemerkungen neben
gastronomische Notizen, verfasste ein Preislied auf das
Tabakrauchen und Anleitungen zu Bienenzucht und zum
Gartenbau. Außerdem hielt er, als scheine eine noch unbekannte reichere Zukunft in sein mageres Dasein, merkwürdige Geschehnisse fest: „Handlungen großer Seelen", die er
in ein „Vademecum für lustige Leute" zusammenschrieb.

Der Lörracher Hilfslehrer

Im März 1783 begann sich das Blatt zu wenden. Hebel
wurde zum Präzeptoratsvikar am Lörracher Pädagogium

berufen. Nun würde er seine Studien intensivieren können. Und vielleicht eröffnete sich auch eine berufliche Perspektive. Das Pädagogium war eine Art weiterführender Schule. Als Hebel sein Lehramt antrat, wurden etwa 60 Schüler zwischen zehn und 16 Jahren dort unterrichtet. Drei geistliche Lehrer betreuten die Schüler, der Prorektor, ein Diakonsvikar und, an zweiter Stelle der Minihierarchie, der Präzeptoratsvikar – eine Art Assistenzlehrer. Neben ihnen lediglich noch ein unakademischer Lehrer und ein Französisch-Sprachmeister. Die Vielfalt des Unterrichts kam Hebels reichen Interessen sehr entgegen, 26 Wochenstunden verbrachte er in den beiden Klassenstufen. Er gab Religion, Latein, neutestamentliches Griechisch, Geografie, Rechnen, Algebra und Geometrie und der Umgang mit den Schülern regte ihn zusätzlich an, wovon auch die Schüler profitierten. Sein Verhältnis zu ihnen muss recht persönlich und freundlich gewesen sein, jedenfalls erinnerten einige seiner Schüler in Briefen gern an die Schulzeit in Lörrach.

Allerdings – eine Lebensstellung konnte das Pädagogium niemals werden, dazu war das Gehalt zu mager. Hebel musste sogar nebenher Privatunterricht erteilen. Und war es nicht demütigend, sich Jahr um Jahr vom Examen zu entfernen und insgesamt acht Jahre nach Eintritt in den Kirchendienst noch immer als Hilfslehrer zu arbeiten? Er, der an den geistigen Auseinandersetzungen seiner Zeit Anteil nehmen wollte, sehnte sich geradezu nach einer lebendigen Diskussion mit Zeitgenossen. Die Exzerpte dieser Jahre zeigen, wie sehr er sich mühte, seinen Horizont zu erweitern. Er lernte Italienisch, las Johann Gottfried Herders Schrift „Briefe, das Theologiestudium betreffend" und Moses Mendelssohns „Vorlesungen über das Dasein Gottes". Er versuchte sich, als er die deutschen Minnesänger las und feststellte, wie nahe der Klang des Mittelhochdeutschen dem Alemannischen war, zum ersten Mal an alemannischen Gedichten, *aber es wollte gar nicht gehen*. Mit Recht machte Hebel sich Hoffnungen darauf, nach sieben Jahren wenigstens die Prorektorstelle anvertraut zu bekommen. Er hatte sich deswegen am 6. Dezember 1789 schriftlich an den Markgrafen gewandt und *untertänigst* darum gebeten, *im Fall, dass mit dem Prorektorat an diesem Pädagogium eine Veränderung vorgehen sollte, dass Euer Hochfürstliche Durchlaucht die Stelle eines Prorektors mir in Gnaden zuwenden geruhen mögen, der ich zu höchsten Hulden mich untertänigst empfehle und in tiefer Ehrfurcht verharre.*

Doch Hebel harrte vergeblich. Statt seiner wurde ein gewisser Ferdinand Zandt berufen und ihm vor die Nase gesetzt. Zandt soll ein guter Pädagoge gewesen sein – jedenfalls war ihm dieser Ruf vorausgeeilt. Hebel war bitter enttäuscht, noch Jahre später, da war er schon Kirchenrat, steckte ihm die Schmach der Niederlage in den Knochen. Schlussendlich hatte diese Entscheidung aber auch ihr Gutes. Denn die Gönner Zandts in der Residenz hatten ihn als Lehrer am Gymnasium illustre in Karlsruhe vorgesehen – schon ein Jahr später sollte er das Lörracher Pädagogium wieder verlassen, aber er lehnte wegen der Kürze seines Prorektorats den Ruf ab und Hebel war nun der Nächste, der nach Karlsruhe berufen wurde.

Ein übermütiger Männerbund

Bevor das im November 1791 Wirklichkeit werden sollte, muss man einen Blick auf das Privatleben Hebels in jenen Jahren werfen. Die Lörracher Jahre waren, was das angeht, eine glückliche Zeit.

Die Gründe dafür waren vielfältig. Einer lag sicher in den herzlichen Freundschaften, die Hebel in Lörrach geschlossen hatte. In seinem Prorektor, dem neun Jahre älteren Tobias Günttert, hatte Hebel einen Seelenverwandten gefunden. Wie Hebel wohnte Günttert, der frisch verheiratet war, im Pädagogium und lud den jüngeren Kollegen häufig zum Mittagessen ein. Wer von den beiden auf die Idee kam, dem eher kargen Geistesleben des kleinen Ortes durch die Gründung eines exklusiven Männerbundes eine besondere Note zu verleihen, ist heute nicht mehr festzustellen. Jedenfalls zogen die beiden zwei weitere Kollegen hinzu und gründeten einen Männerbund, den sie „Proteuserbund" tauften. Einerseits folgten sie damit einer Mode der damaligen Zeit, andererseits aber schmückten sie diesen Bund mit reicher Phantasie aus. Der Name „Proteus" war ein Symbol – wie die jungen Männer darauf verfielen, ist uns nicht bekannt. Geht man der Bedeutung des Namens in der griechischen Mythologie nach, offenbart sich der Bund allerdings rasch als eine Blüte intellektuellen Überschwangs, in dem sich die Männer über ihre eigene unbedeutende Existenz lustig machten. Proteus spielt in der griechischen Mythologie eine eigenartige Rolle. Er wusste alles und kannte Vergangenheit, Gegenwart und Zukunft, war aber nicht in der Lage, über das zu sprechen, was er wusste. Wer ihn um Rat fragen wollte, musste ihn während seines Mittagsschlafes überraschen und fesseln. Allerdings besaß Proteus eine weitere erstaunliche Gabe: Er konnte alle Arten von Gestalten annehmen und sich so wieder befreien. Diese Fähigkeit zum Gestaltwandel machte ihn gleichzeitig zum Symbol des Urseins, nach dessen (wandelbarem) Bild die Welt geschaffen wurde. Gefesselt und doch frei, allwissend und unfähig es auszusprechen, Urbild und nicht fassbares Bild in einem – der Widerspruch in sich. Was gab es Treffenderes als diese vielsagend-ratlose Gestalt zum Namensgeber zu wählen?

Hausgemachte Philosophen

Junge gebildete Männer in der tiefen Provinz, mitten darin die Hauptstadt Proteopolis – so nannten sie Lörrach. Sie wussten alles, konnten aber nicht darüber sprechen. Ein wahrlich selbstironischer Gedanke – man nahm sich selbst auf den Arm. War Parmenides, so nannte Hebel sich, nicht der Philosoph des „Nicht-Seins"? Die Welt sei aus dem Nichts entstanden, verkündete der griechische Denker und dieses Nichts wird zum Notwendigen. Es verselbständigt sich, wird zum unendlichen Ewigen erhoben. Auch die Materie ist aus Nichts entstanden. Darum ist dieses Nichts in allem Bestehenden enthalten, auch in der eigenen Existenz. Im Nichts liegt das wahre Sein – kann man ironischer über die eigene Existenz reden?

Der tiefere Sinn dieses Männerbundes bestand darin, dass er purer Schein war, die eigene Nicht-Bedeutung spiegelte. Und man konnte sich so trefflich über Nichts verständigen. Das ist reiner intellektueller Übermut, der sich Raum verschaffte in einem eigens dafür erfundenen Vokabular mit besonderem Wörterbuch. Bis heute tappen wir im Dunklen, was die Bedeutung mancher Wörter angeht. Einige sind entschlüsselt, manche entsprangen einem lustigen Spiel des Worteverdrehens oder leiteten sich von verdrehten Übersetzungen alemannischer Wörter ab.

Da gab es die „Schwabenhämmel", die Dummen, Ungebildeten. „Metzgen" hieß wandern, reisen. „Hermelin" stand für Termin und der „Große, Niebewegte, Wolkenspendende" war der Belchen, weshalb der Bund seine Art philosophischer Geheimbündelei auch gelegentlich „Belchismus" nannte. Es gab sogar einen eigenen Kalender, nach dessen Daten selbst der in Karlsruhe zu gesellschaftlich bedeutender Stellung aufgestiegene Hebel sich in Briefen an seine Freunde noch gelegentlich richtete.

Organisiert war der Bund nach dem Muster einer Dorfgemeinde, aber auch dies eher spaßhaft. Der „Vogt" oder Bürgermeister des Bundes war Günttert, sein „Stabhalter" (Statthalter) war Hebel und es gab einen „Bammert" oder Feldschützen und andere Rollen.

Im Jahr 1787 war der sieben Jahre jüngere Vikar Friedrich Wilhelm Hitzig, Sohn des Rötteler Pfarrers, nach erfolgreichem Examen nach Lörrach zurückgekehrt. Auch er trat dem Bund bei und wurde einer der besten Freunde Hebels, lebenslang. An ihn, den vertrautesten Freund, hat er die meisten Briefe aus Karlsruhe geschrieben. Rückhaltlos gewährte er Hitzig dabei „tiefe Einblicke in sein Sinnen, Trachten und Fühlen", wie der Herausgeber der Briefe, Wilhelm Zentner, bemerkte. Hitzig folgte Hebel als Präzeptoratsvikar nach, wurde dann Prorektor und schließlich, 1800, Pfarrer in Rötteln. Hitzig passte sich dem Männerbund an, er nannte sich „Zenoides". Ein Name, den Hebel selbst noch Jahre danach in Briefen aus Karlsruhe benutzte. Anfang September 1802 – da wohnte Hebel schon mehr als zehn Jahre in Karlsruhe, schrieb er dem „Besten Zenoides", Pfarrer in Rötteln:

Ich verlasse Karlsr. am Sonntag vor Michaeli mit Sander, Welper und Fröhlich und gehe nach Hügelheim zu Schmidt an die Stuffen des Großen, Niebewegten, Wolkenspendenden. Von dort aus soll es mir gar nicht ab der Hand und außer dem Sinne liegen, wenn der Genius mich anweht ihn gerade zu erklimmen den Großen, Nimmerbewegten, Oechsleinseligen, und wenn ich den Drekchdu (?) und die Steissibruserie (?) begrüßt, und Carolisens verwehte Spuren gesegnet, und vom Rekapitulationsblütschi aus den Großen, Weitgesehenen, Aethervertrauten noch einmal angebetet, eines Gangs das Thal hervor zu metzgen und wie Odysseus den besoffenen Polyphem, so ich den Kaps (Pfarrer in Wieslet) zu prügeln, und dann in Steinen den Dicken zu fragen, ob der Steg über die Wiese stehe. Sollte aber der Deus in nobis als einem durch zehnjährige Verschwabenhamlung (Verspießung) unrein gewordenen das herumtalpen auf heiligem Boden vor der Reinigung im Tempel verbieten, so werde ich auf der Straße der Schwabenhämmel nach Hertingen aber metzgen …

Wie man sieht – eine Geistreichelei, eine eigene Welt mit besonderer Sprache und für Außenstehende unverständlichen Bildern. Hebel und seine Freunde waren sich des satirischen Zuges dieser „Philosophie" sehr wohl bewusst. Als Hebel, da war er schon sechs Jahre in Karlsruhe am Gymnasium illustre, sich mit den Schriften des Philosophen Immanuel Kant zu beschäftigen begann, legte er sie bald zur Seite, sie waren ihm zu abstrakt. Und seinem Freund Hitzig – Zenoides – schrieb er: *Es gibt nur ein System, eine Philosophie – Unsere! Die sich von allem anderen wesentlich darin unterscheidet, dass sie auf einem Grunde ruht, in dem jene (die Kantische) auf nichts, die unsrige aber doch wenigstens auf das Nichts gegründet ist.* Und er schlägt vor, man solle doch einen Almanach mit dieser Philosophie herausgeben *als eine Satyre aller Philosophie und sust nämis (sonst irgendwas).*

Allerdings, das zeigt zugleich eine gewisse Verehrung Kants, schrieb er Hitzig nach einer irrtümlich verbreiteten Nachricht über den Tod des Philosophen, Kant *wäre denn nun auch ein Mitglied unserer großen unsichtbaren Loge und schmaucht mit Solon, Wilhelm Penn, Confuz und Zoroaster und Montesqieu beym himmlischen Bierkrug sein Pfeifchen Knaster.*

31

VIERTES KAPITEL

Lieben und Lassen

„Hebel und die Markgräflerin":
Der erhobene Zeigefinger hat zu einem
falschen Hebelbild geführt.

Eine erste Liebe

Im Sommer 1790 wanderte Hebel fast täglich nach Schulschluss über den Tüllinger Berg nach Weil. Am Sonntag besonders herausgeputzt: in weißen, baumwollenen Strümpfen, schwarzledernen Beinkleidern und einer roten Weste mit runden Knöpfen und einem „Rübelisrock" – um den Hals ein Stückchen Flor, einen Rosmarinschoss im Mund, eine Gerte in der Hand, neben ihm sein Spitz „Assor". Ziel war das Pfarrhaus in Weil. Dort war Freund Günttert Pfarrer geworden. Herausgeputzt aber hatte Hebel sich nicht wegen seines Freundes und des guten Mittagessens. Der Grund war weiblich. Mit dem Ehepaar Günttert war neben der Mutter der Pfarrfrau auch die damals zwanzigjährige Gustave Fecht eingezogen. Ihr großer, schlanker Wuchs, ihre blauen Augen, ihr blondes Haar, ihre kluge, bestimmte Art – es war vieles an ihr, was Hebel anzog. So begann eine lebenslange, wenn auch eigenartige Liebe. Eigenartig deshalb, weil die beiden sich nur ungefähr ein Jahr lang sahen, allerdings fast täglich. Sie kamen sich nahe, aber dabei blieb es auch. Dann zog Hebel nach Karlsruhe. Erst fünf Jahre später sollte er sie wiedersehen, aber nur kurz, auch in den folgenden Jahren gönnte er sich oder ihr nur Stippvisiten. Dabei schwärmte er in seinen Briefen davon, sie am Fenster zu überraschen, im Garten mit ihr zu sitzen oder ihr gegenüber im Zimmer. Die Briefe sind Zeugnisse einer tiefen Zuneigung. Der erste von insgesamt 95 erhaltenen, er schrieb ihn schon am 14. Dezember 1791, wenige Tage nach seiner Ankunft in Karlsruhe, glüht vor Verlegenheit und fällt von einer Umständlichkeit in die nächste. Schon die Anrede machte ihm Schwierigkeiten. Er bot ihr *Allerwerteste Jungfer Gustave* an, hoffte auf ihr Einverständnis und schlug ihr vor, sie könnte ihn Herrn Hans Peter oder einfach nur Hans Peter *(wenn Sie recht bös sind)* nennen. Er erinnerte sie an das „Blindmausspiel" (ein damals bekanntes Gesellschaftsspiel) und eine klei[ne] Schneeballschlacht mit „Abreiben" im Weiler Pfarrgarte[n] bat ebenso inständig wie umständlich um einen Antwo[rt]brief, bis er endlich dazu kam, von seiner ersten Predigt in Karlsruhe zu berichten und schließlich einen überschwänglichen Dank anzuhängen: *Und noch für eins muss ich Ihnen danken vermöge eines unwiderstehlichen Dranges meines Herzens, so ungern ich es um Ihretwillen thue, für alles Gute und Angenehme, für alle Freude, die ich in Ihrer Nähe empfand, wenn ich auch nur still in einer Ecke saß und ihre guten frommen Gesinnungen bewunderte, und mich an Ihren sanften Tugenden ergözte. Doch ich erinnere mich, dass ich auch eine edle Bescheidenheit an Ihnen entdeckte, also kein Wort weiter. Seyen Sie meines Danks und meiner Hochachtung versichert.*

Dann fügte er noch eine bescheidene Bitte hinzu: *Möge der Himmel alle guten Wünsche wahr machen, die mein Herz für Sie hat, so oft ich Ihrer gedenke. Leben Sie wohl und gönnen Sie bisweilen einen müssigen Augenblick dem Andenken Ihres gehorsamsten Dieners Hebel.*

Die Vertrautheit zwischen beiden wuchs mit den Jahren, aber es blieb gleichzeitig auch immer ein offener Wunsch, eine Sehnsucht nach Liebe. Die letzten Briefe an sie, wenige Wochen vor seinem Tod geschrieben, reden Gustave als *Theuerste Freundin* an und sind unterzeichnet mit *Mit herzlicher Liebe* oder *Ewig Ihr H.* oder *In Liebe und Ergebenheit der Ihrige.*

Distanz tut gut

Was die engere Bindung beider aneinander verhinderte, darüber kann man nur spekulieren. Das tun die Biografen auch reichlich und spannend. Zentner mutmaßt, Hebel sei ohnehin „schwerblütiger Alemanne" gewesen und sei sich bewusst gewesen, dass er mit 112 Gulden Jahresgehalt keine Frau würde ernähren können. Darum habe Gustave vergeblich auf die entscheidende Frage gewartet – auch dann noch, als Hebel in besseren Verhältnissen lebte. Zentner kapituliert schließlich und fragt: „Macht nicht die Tatsache, dass die letzten Geheimnisse nicht gefallen sind, eben den Reiz dieses Verhältnisses aus?"

Wilhelm Altwegg sieht in der unerfüllten Liebe zu Gustave einen Motor zur dichterischen Schöpferkraft des Briefeschreibers Hebel, „eine Schöpferkraft des Eros Fülle spendend mit am Werke und gerade weil das Gefühl, mit jedem Worte an ein nicht zu Berührendes rühren zu können, so vieles nur in der Verhüllung des Bildes aussprechen ließ".

Was seine Freunde damals über die Beziehung dachten, fügt sich ebenfalls zu keinem schlüssigen Bild zusammen. Für seinen Freund, den Pfarrer Friedrich Wilhelm Hitzig, war es der seiner selbst nicht sichere Mensch, der eine feste Bindung verhinderte. Er erzählte: „Manche seiner frühen oder späteren Verhältnisse pflegte er beinahe vor sich selbst wie ein Geheimnis zu decken und bewahren."

Für die Straßburger Freundin Hebels, Sophie Haufe, war die Sache recht einfach: Gustave hätte nicht zu Hebel gepasst und das habe er sehr wohl gewusst, einerseits. Andererseits jedoch sei er – aus welchen Gründen auch immer – seiner ersten Liebe treu geblieben und das habe ihm jede neue Beziehung verdorben. In ihren Erinnerungen ließ sie Gustave nicht gut wegkommen: „Hebel hätte (bei einer befreundeten Familie mit erwachsenen Töchtern) ... eine liebenswerte Gefährtin für sein Leben gefunden, wenn ihn nicht ein früheres Verhältnis abgehalten hätte, einer anderen als der ihm nicht gleichgesinnten, früher geliebten Person seine Hand anzubieten. Diese war von gebieterischer Art und, obgleich sehr verständig, würde es sein freies und poetisches Gemüt zunichte gemacht haben. Er wie sie – Fräulein Fecht aus Weil – blieben beide ledig und in ununterbrochener Freundschaft und Briefwechsel."

Bruchstücke

Einen zwar nicht eindeutigen, immerhin aber deutbaren Hinweis auf die Schwierigkeiten zwischen den beiden geben drei Briefe Hebels aus dem Jahr 1796. Er schrieb sie nach seiner ersten Reise aus Karlsruhe ins Oberland und dem ersten Wiedersehen mit Gustave im Weiler Pfarrhaus. Der erste Brief ist nicht vollständig erhalten, ein Stück ist abgerissen – von wem auch immer, vielleicht von Gustave selbst. Er beginnt mit den Worten *da war ich sehr düster und gedrückt*, ohne dass wir erfahren, welchen Grund Hebel dafür gehabt haben könnte. Dann setzte Hebel zu einer spielerischen Steigerung des Wunsches, bei ihr zu sein, an. Erst will er nur alle Tage eine Stunde mit ihr zusammen sein, dann *Vormittags eine und Nachmittags eine, ausgenommen am Sonntag zwey, am Montag drei, am Dienstag vier, am Mittwoch fünf und am Donnerstag sechs oder alle Tage gleich zwölf.* Diese Steigerung aber endet in einer merkwürdig zwiespältigen Folgerung. *Mein Gemüth ist Ihnen nie näher, als wenn ich weit von Ihnen bin, und ich habe immer mit Ihnen etwas zu plaudern, bis ich einmal hinaufkomme, alsdann hab ich nichts. Auch bin ich seitdem* (seit wann? Was ging dem Brief voraus?) *viel munterer im Geschäft.*

Das klingt, als sei er erleichtert gewesen. Kam es beim Besuch in Weil doch zu einer wenigstens vorläufigen Klärung des Verhältnisses? Wurde beiden gleichzeitig bewusst, dass aus einer gemeinsamen Zukunft nichts werden würde, was auch immer sie erwogen? Er wollte Karlsruhe nicht gleich wieder verlassen – und wollte sie nicht nach Karlsruhe kommen? Vielleicht blieben beide Seiten auch stumm – aus unterschiedlichen Gründen. Sie, weil sie seinen Entscheid erwartete, er, weil er sich scheute, einen Menschen zu bedrängen und fest an sich zu binden. Sein Zögern oder Schweigen könnte auch mit seiner Erfahrung als Jugendlicher zusammenhängen. War es die Angst vor

36

einem drohenden neuen Verlust? Hatte er nicht schon einmal Abschied von einem geliebten Menschen, seiner Mutter, nehmen müssen und fürchtete nun eine ähnliche Erfahrung, wenn er sich an einen geliebten Menschen binden würde? Verklausuliert wies er einen unbekannten Empfänger in einem Brief aus dem Jahr 1790 auf seine Gewissenszweifel hin. Zentner vermutet, die Zeilen seien an den ehemaligen Lehrer und Karlsruher Gönner August Gottlieb Preuschen gerichtet gewesen: *Verbietet mir mein Gewissen und meine Ruhe, so lange ich nicht gesichert vor einem frühen Tode oder elenden Leben bin, zu heiraten.* Was er mit „einem frühen Tode" meinte, ist unklar. Sein körperlicher Zustand gab damals keinerlei Hinweis auf einen frühen Tod. Psychologisch betrachtet könnte dieser Satz auf eine Projektion hindeuten: Vielleicht wollte er dem geliebten Menschen den Schmerz des Verlustes ersparen. Das Objekt der Sehnsucht ist nur dann „sicher", wenn man es nicht in der Nähe hat. Dann kann man es nämlich nicht verlieren.

Hinzu kommt auch, dass Hebel während der fünf Jahre in Karlsruhe, die ihm Freude bereitet hatten, vermutlich auch langsam bewusst wurde, dass er einen Teil seiner Freiheit verlöre, würde er sich an eine Frau binden.

Auffällig ist, dass es sich mit der Sehnsucht nach Gustave ebenso verhält wie mit der Sehnsucht nach dem Oberland, nach der Heimat. Wer die Heimat hat, in ihr lebt, der verliert die Sehnsucht nach ihr. Altwegg hat diese Doppelbeziehung symbolisch verflochten, wenn er schreibt: „Aus der Frauenliebe erhielt diese Heimat Glanz und Glut." Dann zitiert er Hebel mit einem Briefausschnitt vom Osterfest 1796: *Es zieht mich immer ein wenig an, wenn ich nur halbwegs eine Spur habe, dass Sie oder jemand aus Ihrem Hause auch schon einmal an einem Ort gewesen sind.* Für Altwegg ist klar, welche Seelenregung sich dahinter verbirgt: „Ins Gedenken an die geliebte Frau wurde die Heimat mit aufgenommen, wie zu dieser Heimat die Geliebte mit gehörte, und als die Heimat

Gegenstand des Dichterwerkes wurde, sie, die keine Bedingungen stellte und nicht als das Du mit seinen Forderungen und seinen Schwierigkeiten auftrat, da war dieses Werkes erstes Wort Dank zugleich und Huldigung an die liebend-geliebte Frau, ohne die es nicht so geworden wäre." Richtig daran ist sicher, dass die doppelt unerfüllte Sehnsucht nach Liebe und Heimat Hebel stark bewegt hat, vielleicht sogar der Grundton seines „Dichterwerkes" ist. Er hätte ja die Möglichkeit gehabt, die Sehnsucht zu erfüllen. Nach menschlichem Ermessen hätte er, wenn er ernsthaft gewollt hätte, durchaus eine Pfarrstelle im Oberland besetzen können. Und was hat ihn wirklich daran gehindert, Gustave seine Liebe zu gestehen und sie nach Karlsruhe mitzunehmen? Die Frage bleibt offen.

Die Karlsruher Gesellschaft

Die ersten Jahre in Karlsruhe als Subdiakon am Gymnasium haben Hebel nicht sehr geschmeckt. Er sehnte sich zurück ins Markgräflerland und meinte, es sei ein Fluch des Himmels gewesen, der ihn nach Karlsruhe gesandt hatte, *allenthalben umgeben von Häusern und Mauern, die doch noch den Vorteil haben, dass sie meinem Auge die unfreundliche langweilige Sandfläche, das leere tote Wesen der ganzen Gegend verbergen.*

Schließlich begann er sich in Karlsruhe wohl zu fühlen, hatte sich an die Stadt und ihr Leben gewöhnt. Er gewann Freunde, fand Eingang in die höfische Gesellschaft. Zu seinen Aufgaben gehörte es, gelegentlich in der Stadtkirche zu predigen, und er bewunderte die Besucher: *Hören und Sehen verging mir, als ich mich so von einem Meer von Hauben und Frisuren umfluthet sah.* Er war richtig stolz, *dass die Karlsruher Kenner so ziemlich zufriden waren, und kaum die Hälfte der Zuhörer, vielleicht 2 oder 3 mehr, einschließen, so stolz, dass ich die Predigt in die ganze Welt schiken möchte.*

Anfangs amüsierte er sich aber auch über die Hofschranzen. *Ich stand im dichten Gedränge oben hinter den Hofdamen und mein Hut hing die ganze Zeit an dem hervorstehenden silbernen Degenheft meines Nachbarn, des Amtskellrers Kiefer von Durlach, ohne dass er's wusste, so sehr hatte er die drap d'orenen Hintertheile der Damen und Fräulein disseits und die Ordenssterne und Benediktinerkreuze und rothen, grünen und blauen Uniformen ienseits ins Auge gefasst.*

Der anfängliche Spott gab sich bald. Karlsruhe war eine aufstrebende Stadt, gerade erst 75 Jahre alt, als Hebel dort Lehrer am Gymnasium wurde. Eine durch und durch am Reißbrett geplante Stadt, fächerartig angelegt. Wie Strahlen führten die Straßen vom Schloss aus in die Rheinebene. Der Markgraf hatte die Stadt für Zuziehende attraktiv gemacht, indem er Steuerprivilegien gewährte. Und versprachen die neu errichteten prächtigen Bauten nicht ein städtisches Flair? Zudem empfing die Stadt Neuankömmlinge herzlich und ohne Vorurteile. Wer zuzog, musste sich nicht als Fremder fühlen und mit den Alteingesessenen arrangieren, alle waren sie doch Neuankömmlinge. Hebel begann diese Offenheit zu schätzen, zumal er langsam an Ansehen gewann und in die relativ kleine Gesellschaftsschicht wichtiger Persönlichkeiten in der Residenz aufstieg.

Im „Bären" und im Kaffeehaus

Das angenehme Kollegium am Gymnasium tat ein Übriges, man traf sich oft am gemeinsamen Mittagstisch oder hockte bei einer abendlichen Tafelrunde im „Bären" zusammen. Junge aufstrebende Juristen stießen dazu, ältere Professoren genossen die anregende Unterhaltung bei Wein und Pfeiferauchen. Ein Anziehungspunkt von Dauer. Als 1803 mehrere Mitglieder dieser Tafelrunde Karlsruhe verließen, löste sich die „Bärengesellschaft" auf. Bald aber fand sich eine neue Gesellschaft im Drechslerschen Kaffeehaus, da saßen Hebels Arzt, ein Medizinalrat, ein Kirchenrat, andere Professoren des Lyceums, Hofräte, der berühmte Architekt Weinbrenner, der Hofmaler und Friedrich Kölle, ein Legationssekretär aus Württemberg, mit dem Hebel sich näher anfreunden sollte. Die Runde verfiel – vermutlich hatte Hebel dazu angeregt – darauf, die Abende mit Charaden zu garnieren. Eine regelrechte Rätselepidemie muss in der Männergesellschaft um sich gegriffen haben. Hebel selbst hat in Briefen an seine Freunde im Oberland immer wieder Charaden eingeflochten, er war ein Meister der gereimten Form der Rätsel. Ein Beispiel:

> Die **erste** findet ihr in jeder Schar.
> Ade! So ruft die **zweite** immerdar
> Der Scheidenden, wenn sie uns lieb gewesen
> Das **Ganze** habt ihr eben jetzt gelesen.

Die Lösung lautet: Scharade.

Ein heroischer Reinfall

Hatte er nun keinen Blick mehr für Frauen? Darüber verlor Hebel in seinen Briefen zunächst kein Wort. Erst als das neue Theater in Karlsruhe – ein Weinbrennerbau – eröffnet und Hebel begeisterter Besucher der Vorstellungen wurde, änderte sich das.

Im November 1808 trat dort eine Henriette Hendel auf. Sie war damals sechsunddreißig Jahre alt, hatte drei Ehen hinter sich und war eine begabte, aber nicht wirklich erfolgreiche Schauspielerin. Ihre Spezialität waren „malerische Attitüden", das heißt, sie stellte pantomimisch einige Szenen oder Figuren dar. In Karlsruhe gab sie eine Reihe Madonnenbilder zum besten: Mariä Verkündigung, das

Wiederfinden des zwölfjährigen Jesus im Tempel, Maria mit dem Leichnam auf dem Schoß, dann einige Marienbilder des Malers Albrecht Dürer. Im zweiten Akt Bilder aus der griechischen und römischen Welt: Niobe, Galathea und andere. Schließlich Szenen aus „Macbeth" und anderen bekannten Dramen. Die erste Begegnung jedenfalls muss Hebel sehr beeindruckt haben. Denn als Henriette Hendel ein knappes Jahr später, im Oktober 1809, Karlsruhe das nächste Mal besuchte, war er sofort so sehr von ihrem Charme eingenommen, dass er *vor lauter blauen Wundern und ästhetischem Schlaraffenleben vier Wochen lang das Briefschreiben vergisst.* Er übte auf ihren Wunsch hin bereitwillig mit ihr einige seiner alemannischen Gedichte ein und meinte, sie habe Gespür dafür, auch wenn sein Freund, der Württemberger Friedrich Kölle, sich eher skeptisch äußerte: Sie habe für „Ausländer" vortrefflich gelernt, für ein geübtes Ohr aber ungenügend. Jedenfalls hat die Schauspielerin um Hebels Gunst geworben, was sein Freund Kölle mit einem gewissen Vergnügen beobachtete: „Auf Hebel hatte sie es ganz eigentlich angelegt, und die Monate, welche sie in Karlsruhe verlebte, möchten leicht die glücklichsten in Hebels Leben gewesen sein, obschon er ihre Abreise mit wahrhaft philosophischem Gleichmuthe zu tragen wusste."

Dass eher sie ihn als er sie provoziert hatte, geht aus einer kleinen Szene hervor, die Hebel in Briefen an Freunde und Freundinnen mit schlecht verhohlener Begeisterung nicht müde wird zu schildern. In einem Kreis auserwählter Prominenter rezitierte die Hendel überraschend – das Programm hatte eine Szene aus „Macbeth" angekündigt – ein alemannisches Gedicht. *Sie lächelte mich (ich saß in der ersten Reihe) schalkhaft an, als die eine Spitzbüberei im Sinn hat, und fing mir selbst überraschend den „Verliebten Hauensteiner" an: „z'Fryburg in der Stadt sufer ischs und glatt." Auch gut. Aber als sie sagen sollte: „Minen Augen gfallt. – 's isch e Sie, es isch kei Er", dreht sie sich nach mir, lächelt nach mir, sagt: „'s isch kei Sie,*

es isch en Er" und deutet auf mich. Was sagen Sie? Eine Schau-
spielerin und ein Kirchenrat in Gegenwart des Großherzogs, des
Hofes, des Fürsten von Thurn und Taxis … vieler Fremden und
600 anderen.

Die öffentlich demonstrierte Zuneigung traf Hebel wohl
ins Herz. Er war stolz und erschrocken zugleich. Unmittelbar nach der Vorstellung stürmte er in die Garderobe und
umarmte die Schauspielerin heftig – aus Dankbarkeit, wie
er meinte, in Wirklichkeit aber war es um ihn geschehen. In
der darauffolgenden Abendgesellschaft ließ sich Hebel von
ihr provozieren, selbst aus seinen alemannischen Gedichten
zu zitieren – er, der öffentliche Auftritte doch scheute. Kein
Wunder, dass ihm, verwirrt und übermütig wie er war, ein
Missgeschick passierte, über das er sich in seinen Briefen
später köstlich amüsierte. *Ich gab ihr zur Vergeltung einen*
heroisch-tragischen Auftritt, so gut ich als Laie kann, zum besten.
Ich stürzte nachts um 12 durch eine Balkontüre (nota bene ohne
Balkon), die ich für ein Fenster hielt, an welchem ich die Tabaks-
pfeife ausleeren wollte, hinaus blieb aber doch mit der schwereren
Hälfte des Körpers im Saal, obgleich der Kopf draußen in der Luft
nachts um 12 Uhr auch nicht mehr mein Leichtestes war.

Mehr als drei Wochen blieb Henriette Hendel in Karlsruhe, seinem Freund Hitzig gestand Hebel später: *24 Tage*
hindurch, solange Mad. Hendel hier war, schwelgte ich diesmal in
einem Genuss, der mir vor einem Jahr schon minutenweise un-
bezahlbar war.

Der enttäuschte Liebhaber

Zur Liebe aber konnte diese *Vernarrtheit*, wie Hebel seine
Gefühle beschrieb, dieses *von ihr Entzücktsein* nicht werden.
Auch wenn die beiden die Silvesternacht 1809/10 gemeinsam verbrachten, ihm *drei Wintertage mit ihr drei schöne Mai-*
mondstage im Dezember wurden, er ihr später sein „Schatz-

kästlein" widmete und sie „Perle der Frauen" taufte, ihr Bild in seinem Arbeitszimmer stehen hatte – die Liebe fand keine Erfüllung. Einige Biografen meinen, Hebel habe, als ihm der Hallenser Professor Karl Friedrich Julius Schütz im April 1810 seine Heirat mit Henriette Hendel anzeigte, „den leichten Schmerz im Humor aufgehoben". Doch es war wohl mehr als nur ein leichter Schmerz und von Humor konnte wohl nicht die Rede sein. Schon im großmütigen Glückwunsch an den Bräutigam klingt Wehmut durch: *Ich kann nicht aussprechen, wie glücklich ich Sie schätze, denn ich habe die Worte nicht, um Ihnen zu sagen, wie sehr ich Ihre Gattin verehre.* Seinem Straßburger Freund und ehemaligen Schüler, dem Goldschmied Christoph Gottfried Haufe, gestattete er einen tieferen Einblick in seine Gefühle. Er entschuldigte sich zunächst, dass er so lange geschwiegen habe und scherzte, er könne ja viele Ausreden gebrauchen: die Arbeit als Professor, als Direktor, als Kirchenrat. Das liege zwar nahe, sei aber doch vorgeschützt. Nein, er sei ein „Gestrandeter", schrieb er ganz als der enttäuschte Liebhaber. *Ach auf Freuden folgen Leiden* begann er seine Klage, und fuhr dann fort:

Götter, dass es wahr sein muss!
Die durch ihre Rosenwangen
Durch der Lippe Red und Kuss
Durch ihr zärtliches Umfangen
Fest mein armes Herz gefangen,
dass es ewig zappeln muss
dass es brennt, wie Doktor Huss.
Beut nun ihre holden Wangen
Einem anderen zum Kuss.
Hat das Sakrament empfangen
Das zum heimlichsten Genuss
Jede Liebe weihen muss
Und hat schon ein Kind empfangen.

Er habe ein *durchlöchertes Herz*, klagte er, benannte ein Bäumchen in seinem Garten *Henriettchen*, schickte ihr und der kleinen Tochter – mit Erlaubnis des Gatten selbstverständlich – *tausend Grüße und Küsse und gute Wünsche dazu*, dankte ihr *mit mehr als einem Schmützli für das schöne Geschenk – und o wie viele Küsse dem kleinen Engel und der Mutter*.

Vielleicht hatte er heimlich an eine Heirat gedacht – einen zarten Hinweis gab er jedenfalls in einem Brief an Henriette, in dem er sie zur Einweihung des neuen Museums in Karlsruhe bat und dies mit einem Bibelwort ausschmückte: *Sie aßen, sie tranken, sie freieten (nur ich nicht) und ließen sich freien, bis Noah in die Arche einging.* Gewiss – dieser Humor ist aus Enttäuschung und Resignation.

Die Straßburgerin und Graf Peter

Ganz anders die Tonlage, die Hebel gegenüber der um 26 Jahre jüngeren, von ihm verehrten Sophie Haufe wählen konnte. Die junge Frau hatte im Jahre 1805 einen ehemaligen Schüler Hebels, Christoph Gottfried Haufe, geheiratet und war mit ihm nach Straßburg gezogen. Hebel war oft bei dem jungen Ehepaar zu Gast, nächtigte dann, die Wohnung am alten Fischmarkt war eng, auf dem Sofa im Wohnzimmer, wurde Taufpate zweier Kinder der Haufes. Die Briefe an Sophie und an Haufe quellen über von herzlicher Zuneigung und Freundschaft, von „witzigen Gedanken" und Anteilnahme am Familienleben, am wirtschaftlichen Auf und Ab der jungen Goldschmiedewerkstatt und am Aufwachsen der Kinder. Die junge Frau redete er in seinem ersten Brief Ende Mai 1805 scherzhaft an als *lieben geheimen Staatsminister und Intendant der Künste und Wissenschaften*, seine Briefe unterschrieb er gelegentlich mit *Graf Peter der Erste, Wild- und Rheinkönig von Aßmannshausen und Caub*. Er schätzte das Zusammensein in der Familie, das er so nie kennengelernt hatte, liebte Straßburg, das ihn in mancher Hinsicht an Basel erinnerte, *Straßburg hat mir an vereitelten Hoffnungen so viel ersetzt als möglich war.*

Sophie war geistreich und klug und sie hatte Humor. Gelegentlich schrieb Hebel an sie Briefe, in denen er sich seitenlang darüber ausliess, dass er eigentlich Lust hätte, einen Brief zu schreiben, aber nicht wüsste, was er schreiben solle, und darum nur einfach aus Lust an sie vor sich hin schreibe. Sophie verstand sich, wie Hebel ein andermal bemerkte, auch aufs *Versemachen*, ja er phantasierte sogar, mit ihr gemeinsam einen Roman in Briefen im Sinne Jean Pauls zu schreiben, was sie aber ablehnte. Sie war zu sehr von ihrem Unvermögen überzeugt und von Kindern und Hausgeschäften so in Anspruch genommen, dass sie nie einen Anfang machte. Die Freundschaft zum Ehepaar Haufe währte über 20 Jahre. Hebel hatte versprochen, sich um die Erziehung des Sohnes Oswald zu kümmern – ein Versprechen, das er kurz vor seinem Tod noch erfüllte. Er nahm den neunjährigen Oswald in seinen Junggesellenhaushalt in Karlsruhe auf und sorgte für seine Schulbildung, solange er konnte. Die letzten Briefe Hebels an Sophie im Sommer 1826 sind nur wenige Zeilen lang – Anhänge an Briefe, die er Oswald an seine Mutter schreiben ließ –, ihm sei dabei *wie wenn man an einer vorüberfahrenden Chaise hinten aufsitzen könne und so ohne alle Umstände mitfahren.*

Der Junggeselle

So blieb Hebel sein Leben lang Junggeselle – und war das wohl nicht ungern. Sein guter Freund in Karlsruhe, der württembergische Gesandte Friedrich Kölle, zeichnete den Alleinlebenden aus der Erinnerung mit großer Sympathie:

„Der etwas schiefe Hals gab ihm durchaus nichts Kopf-
hängerisches. In seiner Kleidung war er eher nachlässig,
aber nicht unreinlich; im Essen mäßig, den Wein liebte er,
daher trank er ihn mit Maß. Sein Geräthe war einfach, man
erkannte überall die Junggesellenwirthschaft. Er liebte viel
Bewegung im Zimmer und außerhalb, und seine körperlichen Leiden erforderten diese; doch konnten seine ge-
nauesten Bekannten nur erraten, dass er unwohl sei; er
klagte nie, war aber stille, und eher weicher als gereizter
denn gewöhnlich. Den Geistlichen zeigte er nie zur
Unzeit, wie es leider auch die Vorzüglichsten dieses Stan-
des thun. Es lag in seinem Wesen ein Ruhen und auf sich
selbst, eine Einigkeit mit sich selbst, seiner Lage und mit
der Welt überhaupt, wie ich sie nur bei einem Menschen
getroffen habe, und dieser war ein Gärtner. Auch Hebel
liebte die Botanik mit Leidenschaft. Er war wohlthätig
ohne allen Prunk, wohlwollend wie wenige, und der Natur
der Menschheit in ihren reinsten und uranfänglichen
Beziehungen näher als irgendein Mensch, welchen ich in
meinem vielbewegten Leben näher kennen gelernt habe."
Ein wenig kauzig gab Hebel sich wohl auch, lebte zeit-
weise recht einsam, aber häuslich. Seinen Freunden blieb
er der Sonderling, der sich aber an der Sympathie vieler
erfreuen konnte. Sophie Haufe wurde über seinen Haushalt in Karlsruhe zugetragen: „Einmal früher, als Hebel
noch Professor war und manchmal auch ein weiblicher
Besuch mit dem Eheherrn kam, fanden die Frauen, dass es
nicht ganz so ordentlich in seinem Zimmer aussehe und
hie oder da ein Halstuch oder Sacktuch im schon gebrauchten Stande herumlag. Da machten mehrere Frauen
ein Komplott und stahlen ihm heimlich die Dinge, welcher sie auf solche Art habhaft werden konnten, und als sie
nie hörten, dass er sich über Verringerung seiner Wäsche
ausließ und die Waschfrau auch nie um etwas Fehlendes
fragte, so ließen sie die geraubten Sachen waschen und leg-

ten es zusammen auf ein Möbel, als er eben nicht zu Hause war, und fügten ein klein Rütchen bei, was er denn wohl verstand."

Hebel selbst wusste sehr gut, dass er den Haushalt recht nachlässig führte. Einem ehemaligen Schüler beschrieb er mit Heiterkeit die Unordnung auf seinem Schreibtisch: *Selbst der scariose* (membranartige, ein botanischer Begriff) *erste Correcturbogen, die Topographie von Baden, der da jenseits einem Bierkruge neben mir liegt und im Rücken wieder von einer hebräischen Bibel und einem auf ihr liegenden seidenen Strumpf gedeckt ist, kann mich in diesem Augenblicke nicht verdrießlich machen.*

FÜNFTES KAPITEL

Vom Schulmeister zum Erzieher

Ein mühevoller Beginn

Es hat einige Jahre gedauert, bis Hebel sich mit dem Beruf eines Lehrers anfreunden konnte. Verständlich vielleicht, wenn man den kargen Anfang bedenkt. Einem Hilfslehrer am Lörracher Pädagogium hatte die Schule sowohl finanziell als auch beruflich wenig Lebensperspektive zu bieten. Wie weit war der Schulmeister entfernt vom ersehnten Leben eines Landpfarrers, der in einem großen Haus residierte, der eine herausgehobene gesellschaftliche Stellung und das entsprechende Ansehen genießen konnte und doch nahe bei den Menschen war! Diesen Traum aufzugeben, hat Hebel sich lange gewehrt – die „nie gehaltene Antrittspredigt vor einer Landgemeinde", die er im Alter geschrieben hat, zeugt von der Hartnäckigkeit dieses Wunsches.

Der Aufstieg zum Lehrer am Gymnasium illustre in Karlsruhe vermochte die Last, die der Beruf Hebel auferlegte, nur wenig abzumildern. Mitte Dezember 1802 – da hatte er schon seine „Alemannischen Gedichte" abgeschlossen – warnte er den Freund Karl August Gysser, Rechnungsrat in Müllheim, in Gedichtform: *Vetter Gyßer, hent der Buebe, soll ein e Pfarrer werde, hani nüt derwider … Doch vor em leidige Schulstaub soll der Himmel euer Chind in Gnade biwahre.* („Vetter Gyßer, habt ihr Buben, sollte einer Pfarrer werden, habe ich nichts dagegen … Doch vor dem leidigen Schulstaub soll der Himmel euer Kind in Gnaden bewahren.") Im gleichen Jahr beklagte er in einem anderen Brief: *Wie feind muss der Himmel einem Menschen seyn, den er zum Schulmeister und in eine Stadt verdammt hat.* Ein vernichtendes

Urteil über Karlsruhe und das Gymnasium als Lebens-
mittelpunkt.

Mit Leidenschaft Lehrer

Warum und wann genau die Klage gewichen und sich zu
einer geradezu leidenschaftlichen Liebe zum Beruf eines
Lehrers gewandelt hat, ist heute nicht mehr genau festzustellen. Der Aufstieg vom Subdiakon, der wöchentlich
20 Stunden Latein, Griechisch und Hebräisch am eigentlichen Gymnasium, einer heute den ersten Universitäts-
semestern vergleichbaren Schule, gab, zum „Professor
extraordinarius" (21. März 1798) kann es kaum gewesen
sein. War es das Lernen selbst, das ihn so faszinierte? Vermutlich ja, denn einige Jahre später bekannte er einem jungen Freund: *Wenn man das Informieren erst einmal angefangen
hat, man ist wie behext und kann sich nimmer von der süßen
Plage freimachen.* Tatsächlich hat er ja den Unterricht am
Gymnasium eigentlich geliebt, so sehr, dass er ihn selbst in
den Zeiten beibehielt, in denen er weder dazu verpflichtet
war noch die Muße hatte, sich gründlich damit zu be-
fassen. Als er das Direktorenamt 1814 aufgeben musste,
weil er in die Evangelische Ministerialsektion berufen worden war, die oberste Schul- und Kirchenbehörde, die über
die Anstellung der Geistlichen entschied und Kirchen-
visitationen durchführte, da behielt Hebel sich zunächst
17, später neun Stunden Schulunterricht am Gymnasium
vor und legte erst zehn Jahre später, im Alter von vier-
undsechzig Jahren, diese selbst auferlegte „süße Plage" nieder. Das Lernen selbst hat ihn tatsächlich begeistert: *Ich
lerne jetzt die schwedische Sprache,* schrieb er im März 1804 an
einen Freund in Straßburg, *weil mir der Zufall eine Svensk-
Grammaticka in die Hände gespielt hat, und weil es für einen
Lehrer der Jugend gar heilsam ist, wenn er sich von Zeit zu Zeit*

wieder die eigene Erfahrung macht, dass es doch schwerer sey,
etwas Unbekanntes zu lernen als etwas Bekanntes zu lehren.

Auch die Bemerkung an einen jungen Freund weist in diese Richtung. Ihn warnte er, als er am Gymnasium für den Kollegen Gmelin auch Naturkunde unterrichten musste: *Lassen Sie sich nicht zu tief in die Botanik ein … sie tut's einem an, wie ein schönes Mädchen, und man hat keine Ruhe mehr.*

Lebenslang lernen

Hebel fand das Lernen erotisch, hatte es libidinös besetzt. Sprachen hatten es ihm angetan – Italienisch hatte er schon gelernt, um Schwedisch bemühte er sich, in Straßburg hörte er den Menschen auf Straßen und in Gassen beim Reden zu, um deren Sprache besser zu lernen. In die Naturkunde vertiefte er sich, als ein Kollege nach Württemberg ging und er dessen Unterricht übernehmen musste, mit neuer Begeisterung. Er legte sogar ein eigenes reiches Herbarium an. Sein Interesse und seine Kenntnisse sprachen sich herum, die Vaterländische Gesellschaft der Ärzte und Naturforscher in Schwaben ernannte ihn 1802 zum korrespondierenden Mitglied. Drei Jahre zuvor hatte die Mineralogische Gesellschaft in Jena ihn schon zum Ehrenmitglied gemacht.

Wissbegierde war das eine, was ihm das Lehren und Lernen zur Leidenschaft werden ließ. Im Laufe der Zeit begann er im Umgang mit den Schülern zu begreifen, dass der Lernprozess nicht nur in eine Richtung weist, von oben nach unten, vom Lehrenden zum Lernenden, sondern auf Gegenseitigkeit beruht. Er selbst sah sich in einem lebenslangen Lernprozess, der ihn nicht über die Lernenden erhob, sondern ihn – gewiss mit einem Vorsprung – in eine vergleichbare Situation versetzte. Es ist erstaunlich, welche Empathie er für seine Schüler aufzubringen vermochte. An die Freundin Sophie Haufe fasste er – fast schon am Schluss seiner Lehrertätigkeit – eine Art pädagogischer Gesamtsicht zusammen und dolmetschte ihr als *älterer Mitschüler* das Leben als die große Lehrerin: *Wir sind noch immer in der lieben Schule. Fahren Sie fort mit Wohlwollen und Liebe zu umfassen, was Sie erreichen können, Frieden, Freude, Liebe, wie einen Lichtglanz um sich zu verbreiten, aber fangen Sie an gefasst zu seyn zum Voraus auf fehlgeschlagene Hoffnungen, nicht zuviel von der Welt zu verlangen, die so wenig hat, glücklich genug zu seyn in der Gegenliebe derer, die Sie Ihrer Liebe werth gefunden haben.*

Der kluge Pädagoge

Liebe und Klugheit im Umgang mit den Schülern, das waren die Grundsätze, nach denen Hebel seine Aufgabe zu erfüllen suchte. Er zog aber auch, wenn es nötig war, scharfe Grenzen. Stolz erzählte er einmal einem Freund, wie er als Direktor scharfe Töne anschlagen musste und Erfolg damit hatte. Leider erfahren wir nicht, was vorgefallen war, aber Hebel reagierte prompt und deutlich, vielleicht auch gegen sein Empfinden: *Dem Direktor tat es leid, zum ersten Male an Stelle von Liebe und Klugheit mit anderen Mitteln durchfahren zu müssen. Aber einer von ihnen (den Schülern) sagte daheim, es sei ihnen gar kurios gewesen, als ich sagte: Diesmal noch und zum letzten Mal spricht der warnende Freund. Wenn ihr in einer halben Stunde nicht Ordre pariert, so lässt der Direktor die Schnur auf dem Boden laufen, sagte ich. Tut was ihr wollt. Sie ließen es nicht darauf ankommen.*

Offenbar eroberte Hebel die Herzen seiner Schüler und zwar dauerhaft. Anders kann man kaum erklären, dass er zu einigen ehemaligen Schülern geradezu freundschaftliche Beziehungen aufbauen konnte. Und mancher Schüler erinnerte sich später voller Sympathie, wie eindrücklich Hebel vor der Klasse aufgetreten war: „Er gestikulierte wenig, aber sehr energisch, entschieden, sehr bezeichnend. Sein schönes Sprachorgan war etwas gedämpft durch einen Kropfansatz. Den Kopf trug er gewöhnlich sehr aufrecht, und sein ziemlich kleines, mit scharfen Seitenwinkeln geschnittenes Auge trug in dem offenen Blick gerade aus ein so glückliches Gepräge inneren Friedens, tiefen Gemüts und lebendigen Geistes, dass schon sein erster Anblick ihm die Herzen gewann."

Hebels Ansehen bei den Schülern hatte seinen Grund nicht nur in der Güte des Auftretens und des Einfühlens in deren Seelen. Sie bewunderten wohl auch sein scharfes Auge und treffendes Urteil über ihre Fähigkeiten und Anlagen. Das war von Anfang an so, schon im Lörracher Pädagogium waren seine Beurteilungen auffallend originell. Ausführlich beschrieb er die Leistungen der Schüler, setzte aber dann Bemerkungen hinzu, die mit einem Schlage einen ganzen Menschen treffend charakterisierten. Da stand: *er bringt sein Leben mit Lachen hin* oder *hat lautere Sitten* oder besitzt eine *glückliche Anlage*.

Wer sich einfühlt, sieht schärfer

Hebel hatte einen klaren Blick dafür, dass man einen Schüler niemals nur allein nach seiner Leistung beurteilen darf, sondern stets seinen Entwicklungsstand, seine Eltern und persönliche Situation im Auge behalten muss. Das bezeugt ein Brief Hebels über einen Schüler, der – wie man heute sagen würde – „auffällig" war. Am Betragen und Fleiß könne er zunächst nichts aussetzen, begann Hebel, *aber schon lange bemerkte ich freilich eine Abnahme des innwendigen lebendigen Eifers und der Liebe zu seinen Studien, und vermisse den Grad freudiger Fortschritte, zu dem der blos mechanische Fleiß nicht führen kann.*

Dann ging er – offenbar hatte der Empfänger des Briefes Hebel darüber unterrichtet, dass der Junge sich den Eltern gegenüber aufsässig und roh verhalte – auf die Verhältnisse des Schülers ein und gab der Antwort eine überraschende Wende. *Unart, Grobheit, Schnoddrigkeit des Kindes setzt immer und unfehlbar Schwäche der Eltern und frühe Erziehungsfehler voraus, deren Folgen fast eben so unheilbar sind als die Schwäche selbst.*

Nicht genug damit, dass Hebel die Beschwerde der Eltern an diese zurückwendet. Sein Vorschlag, wie es weitergehen könnte, verrät eine gute Portion psychologischer Kenntnis. Zunächst akzeptierte er, dass der Junge sich eben trotzig verhalte. Was der Vater in einem solchen Fall tun könne? Zuerst müsse er sich ein Herz fassen, meinte Hebel. Denn Trotz hat auch einen Teil Mut in sich. Erstaunlich, wie Hebel das negative Urteil ins Positive wendet und dann einen recht deftigen, aber vermutlich wirksamen Weg anrät: *Mache der Vater, wenn er eben so viel Muth als der Sohn hat, einen Gegenversuch und schicke er ihm den ersten unanständigen Brief zerrissen mit ernster darniederbeugender Wortstrafe und gemessener Drohung, etwa durch den Direktor oder durch mich, zurück und zeige er Kraft und Festigkeit, so halte ich es für mehr als blos möglich, dass der Sohn bald andere Saiten aufspannen wird.*

Aber was hilft der beste Rat, wenn die Aussichten schlecht sind? Auch dass war Hebel klar, darum schickt er einen Schimmer Hoffnung hinterher: *Vor der Hand hielt ich es aber auf alle Fälle für viel zu frühe, den jungen Menschen schon zurück zu nehmen. Ich halte ihn für verirrt, aber nicht für verdorben. Noch verdient er Geduld und wir sind ihm gemeinschaftliche Aufmerksamkeit und Bemühung für seine Zurechtbringung schuldig. Die meinige sey hiermit angeboten. Gerne trage ich dazu bey, dass Ihr Zögling, bester Herr Pfarrer, Ihnen einst viel Freude mache.*

Ob der Rat auch den nötigen Erfolg hatte, erfahren wir nicht. Doch der Brief zeigt den einfühlsamen Pädagogen, der Vertrauen in seine Schüler setzte, der nicht gehorsame

Kreaturen sehen wollte, sondern auf das Einsehen und die Vernunft setzte, auch wenn diese Charakterzüge erst im Entstehen begriffen waren.

Die Einstellung, jungen Menschen Raum zu geben, war ihm so sehr in Fleisch und Blut übergegangen, dass er auch in hohem Alter so verfuhr. Am Himmelfahrtstag 1826 löste er ein Versprechen ein, das er der Straßburger Freundin Sophie Haufe gegeben hatte – ihren Sohn Oswald zu sich nach Karlsruhe zu nehmen und für seine Erziehung zu sorgen. Leider waren den beiden nur wenige Monate gemeinsamen Weges geschenkt; nach den Sommerferien kehrte Oswald nicht mehr zu Hebel zurück, weil dieser zu krank war. Doch die wenigen Briefe, die Hebel an Sophie Haufe schrieb, zeugen von seinem Einfühlungsvermögen. Wenige Wochen nach Oswalds Ankunft berichtete er zunächst, dass Oswald die Briefe an seine Mutter viel zu rasch erledige, um stattdessen seinen Lieblingsbeschäftigungen nachgehen zu können. Das gefalle ihm nicht – aber gleich versicherte Hebel: *Ich schreibe dieses nicht, um über ihn zu klagen, sondern um groß thun zu können, wenn ihn die Jahre solider machen, als ob es mein Werk wäre.* Und setzt dann, um jedem Missverständnis vorzubeugen, hinzu: *Nein – wir sind sehr wohl miteinander zufrieden, und ich rühme Ihnen besonders seine Folgsamkeit, die schon mehr die Frucht der vernünftigen Vorstellung, als des blinden Gehorchens ist.*

Der Pädagoge hatte Recht. Bald schrieb Oswald längere Briefe und Hebel fügte nur noch kurze Notizen an.

Die Schule – ein Feiertagsleben?

Auf seine Erziehungsarbeit konnte Hebel zu Recht mit einem gewissen Stolz zurückblicken: *Ich habe vielleicht 2000 Jünglinge in Sprachen und Wissenschaften unterrichtet.* Einem Freund schwärmte er vor, wie schön das Unterrichten doch war im Vergleich zur Behördenarbeit, die ihn immer stärker belastete: *Den ganzen Tag auf dem Catheder sitzen, ist ein Feiertagsleben und Ostermontags-Späßlein, nach dem ich mich zurücksehne.*

Freilich, die Arbeit an der Schule war alles andere als ein Feiertagsleben. Schwierig nicht wegen der Schüler, sondern wegen der zunehmenden Belastung außerhalb des Unterrichts. Seinem Freund Hitzig klagte er (übrigens einer der ganz wenigen Briefe, in denen Hebel sich ernsthaft beklagt hat), *dass ich über den heillosen Mechanismus des Ganzen* (als Direktor des Gymnasiums) *wachen muss, dass sich mein Museum, meine Proteuskapelle in eine Canzleistube verwandelt hat, wo ich den ganzen Tag Berichte schreiben, Buch und Rechnungen führen, Red und Antwort geben, Akten durchgehen, Süddeutsche Miscellen* (eine Zeitschrift für Literatur und Kunst) *censieren, statt daran zu arbeiten, examinieren, castigieren* (zurechtweisen, tadeln) *Zeugnisse fertigen, mit allen Vätern aller Kinder des Lyceums correspondieren muss, das lehrt mich den Sinn der Worte verstehen: „Ich sterbe täglich". Soll ich den Pult umstoßen? Soll ich – ein Bein hab ich daran!*

Dann bricht doch ein wenig Humor durch, er hüllt seine Klage in pathetische Bilder und eine rhetorische Frage: *Hab ich dazu Thau auf dem Belchen getrunken, und das Rauschen der sieben Buchen gehört, und den Räderschlag der Utzenfelder Mühle? Bin ich dazu 9 Sommer lang in der Wiese gelegen?"* Daraufhin wird er wieder ernst und verrät sogar eine depressive Verstimmung: *Doch ohne Spaß und Übertreibung, es sind mir fast alle Freuden aus dem Geschäft entflohen, und viele sogar aus dem Leben und es erfreut mich nur noch der Dank, der mir für mein Märtyr und Marthertum wird in der Achtung und dem Wohlwollen des Publikums.*

Nicht genug damit, dass Hebel sich an der Verwaltungsarbeit aufreiben musste, auch die räumliche Situation am Gymnasium war alles andere als erfreulich. Schon kurz nach seiner Ernennung zum Direktor Anfang des Jahres

1808 hatte Hebel sich schriftlich bitter darüber beklagt und das in den folgenden Jahren hartnäckig wiederholt, weil sich nichts änderte. Wie eingeengt Schüler und Professoren arbeiten mussten, schildert eine im Jahr 1859 veröffentlichte Geschichte der Schule. Sie beschreibt, dass zu Hebels Zeiten *die von 13, oder wenn man die parallellaufenden Realklassen mitrechne von 15 Jahreskursen auf 10 reducirte Anstalt an Raummangel leide. Man habe dem Lyceum 7 Zimmer und 1 Zimmerchen zugewiesen und in einem derselben die 83 Quartaner zusammengepresst. Auch in anderen Klassen sei nur der nothwendigste Platz. Einzelne Stunden, in welchen schematismusmäßig zwei Klassen vereinigt werden sollten, müsse man abwechselnd der einen oder der anderen Schülerhälfte freigeben. An eine Kombination zweier Klassen bei dem Erkranken eines Lehrers oder bei irgendeiner anderen unvermeidlichen Verhinderung sei nicht zu denken.*

Nicht nur, dass die Klassenzimmer für die insgesamt 257 Schüler nicht ausreichten und keine Abhilfe geschaffen wurde, auch die allgemeine Ausrüstung der Schule ließ zu wünschen übrig: *Die Naturaliensammlung konnte gar nicht aufgestellt, der größere Teil der Bibliothek nur in der entfernt gelegenen Waldhornstraße, in einem Winkel der Bauverwaltung, untergebracht werden.* Und nur einmal, an Ostern 1811 konnte der feierliche Schlussakt im von Hebel erbetenen Museumssaal durchgeführt werden – in den Jahren davor und danach entfiel er schlicht aus Platzgründen.

Es gehörte schon eine gute Verdrängungsleistung dazu, wenn Hebel über die Atmosphäre am Gymnasium schwärmte: *Ich bin qua Direktor des Lyceums stolz und glücklich durch den Frieden und die wahre Seelenharmonie, die uns alle, selbst die Oberen mit eingerechnet, wie eine Familie verbindet.*

SECHSTES KAPITEL

Der Dichter auf Zeit

Johann Peter Hebel.
Kupferstich von Friedrich Weber (1814).

Die „Alemannischen Gedichte"

Hebel war ein Dichter auf Zeit. Zwei besonders kreative Phasen ließen nahezu alles entstehen, was er in seinem Leben geschrieben hat. Die erste währte nur knapp drei Jahre. Zwischen 1799 und 1802 verfasste Hebel die „Alemannischen Gedichte". Danach schrieb er zwei, drei kleine Artikel. Erst als er den Kalender übernahm, kam eine zweite, reiche Schriftstellerzeit, die fast zehn Jahre andauerte, etwa bis 1815.

Wie alles begann und er zum Dichter auf Zeit werden konnte, war ihm selbst ein Rätsel. Sicher, er erinnert sich rückblickend, dass er schon als Bub Verse gemacht habe, nach dem Muster des Gesangbuchs und später weiterer Gedichte von Gellert und anderen. Dann wieder als Achtundzwanzigjähriger, als er die Manessische Handschrift der Minnesänger kennenlernte und feststellte, wie ähnlich der alemannische Dialekt dem Mittelhochdeutschen war. Als er in der zweiten Klasse des Karlsruher Gymnasiums die Psalmen unterrichtete, deren einfache und doch packende Sprache ihn fesselte – da sei es ihm in den Sinn gekommen, Ähnliches in der Oberländer Mundart zu versuchen. *Aber es wollte gar nicht gehen.* Und auf einmal – *nicht ganz ohne Veranlassung*, probierte er es mit vierzig Jahren noch einmal. Erst bei dem griechischen Dichter Theokrit habe er dann die rechte Form für seine dichterischen Erzeugnisse gefunden.

Die Biografen sind der Bemerkung Hebels „nicht ganz ohne Veranlassung" gründlich nachgegangen und haben tatsächlich einige Gründe gefunden. Ein Grund dafür, dass Hebel Mut zu Dialektgedichten bekam, war möglicherweise der, dass er in einem literarischen Magazin, das ein Professor Gräter aus Schwäbisch Hall herausgab, die Mühe herauslas, die „altdeutsche Sprache" zu systematisieren und überhaupt ins Gedächtnis zu rufen. Im Februar 1802 schickte er Gräter ein Mundartgedicht mit der Bemerkung, er habe *mit denselben Schwierigkeiten gekämpft, in dieser rohen und scheinbar regellosen Mundart, wenn die Bemerkung erlaubt ist, rein und klassisch und doch nicht gemein zu seyn, genau im Charakter und Gesichtskreis des Völkleins zu bleiben, aber eine edle Dichtung … in denselben hinüberzuziehen und mit ihm zu befreunden.*

Der Wille, die Mundart zu veredeln, war aber nicht wesentliches Motiv. Hinzu trat die Sehnsucht nach der oberländer Heimat, deren Sprache *ihm so lieblich tönte*, als er deren Klänge – berndeutsch verfremdet – auf dem Dobel durchs offene Fenster hörte. Man kann annehmen, dass es Hebel wie vielen anderen erging. Der heimatliche Dialekt wird einem Menschen um so lieber, je seltener er ihn im alltäglichen Umkreis zu hören bekommt. Dann wird er zum seltenen Juwel, zum schlummernden Teil der eigenen Identität.

Schon in einem Gutachten, das Hebel als Hilfslehrer am Lörracher Pädagogium verfasste, prangerte er die zu hohe Zahl der Lateinstunden an und brach eine Lanze für den Deutschunterricht – es gab nur eine Stunde wöchentlich. Nein, meinte Hebel, im pädagogischen Jahrhundert müsse man von der Muttersprache und ihrem Verständnis ausgehen. Einen Freund in Straßburg, den Waisenhausdirektor Daniel Schneegans, ermahnte Hebel Ende April 1805, seine Kinder doch bitte in der angeborenen Muttersprache und am liebsten im häuslichen heimischen Dialekt zu erziehen. *Mit der fremden ist's noch lange Zeit. Mit dem Sprechen empfangen wir in der zarten Kindheit erste Anregung und Richtung der menschlichen Gefühle in uns, und das erste verständige Anschauen der Dinge außer uns, was den Charakter der Menschen auf immer bestimmen hilft, und es ist nicht gleichgültig, in welcher Sprache dies geschieht.*

Hebel ist mit seinen Gedichten in die Sprache seiner Kindheit heimgekehrt, hat aber zugleich das Alemannische veredelt, in eine feste Form gebracht, Regeln aufgestellt, die er im Vorwort und einem kleinen Vokabular am Schluss seiner insgesamt 32 Gedichte, die in der ersten Auflage erschienen, erläuterte.

Die Muse kehrte nicht zurück

So unvermittelt der Impuls zur Mundartpoesie Hebel gepackt hatte, so plötzlich war er allerdings auch wieder verschwunden. Schon im Juli 1803 – die zweite Auflage der insgesamt fünf Auflagen war noch nicht gedruckt – gestand Hebel seinem Freund Hitzig bedrückt: *Ich habe unterdessen ein einziges neues Liedlein „Der Abendstern" gemacht … Ich getraue mir kein zweites Bändchen zu Stande zu bringen. Der erste heilige Anflug des Genius ist schnell an mir vorüber gegangen.* Und 1809 bekannte er dem Verleger Cotta: *Die Muse besucht mich viel seltener noch als die Muße. Ich bitte Sie, einen Mann, der in seinem 45. Jahr zum ersten Mal, und einmal vielleicht, ihm selbst ein Rätsel, über die poetische und schriftstellerische Laufbahn gegangen ist, nicht mit den Glücklichen, zum Teil auch Unglücklichen (denn diese sind doch die Fruchtbarsten) zu vergleichen, die ihr Leben lang darauf wandeln.*

Ein Jahr später hatte er das Gefühl, sein eigener Epigone zu werden, sollte er noch einmal Gedichte schreiben: *Seit die Gedichte gedruckt sind, tut die Muse wieder kalt, als ob ich wider ihren Willen das Geheimnis ihrer Gunst verraten hätte. Wenn ich mich recht fühle und schätze, so kann ich seitdem nur noch mich selber nachahmen.*

Hatte Hebel erkannt, was vielen Dichtern und gar Erfolgsschriftstellern unserer Zeit verborgen bleibt? Man kann einen Erfolg nicht wiederholen, indem man das Gleiche noch einmal tut. Wer das glaubt, orientiert sich an der heute landläufigen Meinung, Dichtung sei nichts anderes als eine bestimmte Sprach- und Sprechtechnik, jedermann zugänglich, der sich ernsthaft um sie bemüht. Und Erfolg hänge dann nur an dem Namen, den man sich einmal gemacht habe. Ein grundlegender Irrtum. Wolfgang Schadewaldt, der in den sechziger Jahren in Tübingen lehrende große Literaturwissenschaftler, hat dieser Meinung scharf widersprochen. Dichtung bewege sich zwar im Felde der Sprache und bilde sich schöpferisch in Worten, doch sie konstituiere sich aus einer anderen Quelle: dem ebenso sinnlichen wie geistigen Sehen. Der Dichter, so behauptet Schadewaldt, „ist zunächst ein Sehender. Er geht nicht viel anders als andere Sterbliche durch die Welt. Doch begegnen ihm auf Schritt und Tritt schon in dem gewohnten Alltag, ohne dass sich dieser im geringsten veränderte, Strukturen, Bilder, Konfigurationen, Konstellationen von wunderbarer Art und tiefer Richtigkeit. Wo für den anderen da nur Dinge, Personen, Zustände, Begebenheiten und Vorgänge sind, nimmt der Dichter auf seinem Lebensweg Gebilde, Gestalten, Situationen, Ereignisse und mannigfaltigste Weisen des Geschehens wahr: Eine unerschöpfliche Fülle von lebendigem Konstituentien der Natur und des Menschenlebens, der Seele und des Denkens, des Handelns, Leidens, des übermächtigen Geschehens.“

Was Schadewaldt über den Dichter und dessen seherische Fähigkeiten sagt, erinnert an das, was Hebel im Jahr 1805 über die Muttersprache an seinen Freund Schneegans in Straßburg schrieb, dass sie *das verständige Anschauen der Dinge außer uns* lehre. Erst recht trifft das Seherische als das entscheidende Element der Dichtung zu, wenn man sich die „Alemannischen Gedichte“ genauer ansieht.

Der Seher

Selten sei eine Poesie in strikterem Gegensatz zu ihrer Intention gelesen worden als die „Alemannischen Gedichte“ behauptet Hannelore Schlaffer in ihrer literarischen

Analyse des Hebelschen Werkes. Sie hat Recht. Sie begründet dieses Urteil mit der Tatsache, die folgenden Generationen hätten die Mundart schwerer lesen können und sie daher gern flüchtig wie kindliches Stammeln an- und überhört. Sie hätten aus den Gedichten nur die immer gleichen idyllischen Szenen zu ihrer Erbauung herausgesucht. Sinnfälliges Zeugnis dafür seien die Illustrationen, die ein von Engeln beschütztes Leben in immer neuen Variationen wiederholten. In Wahrheit sei Hebel in diesen Gedichten ein Melancholiker, der das mühselige Landleben schildert.

Tatsächlich kann von Idylle keine Rede sein, auch nicht von einer Nähe zur damals aufblühenden romantischen Poesie. Hebels Gedichte haben zwar eine volkstümliche Thematik und ihre liedhafte Form lässt die Nähe vermuten, aber ihre Themen sind weit davon entfernt.

Dies lässt sich am Beispiel des Gedichts „Die Vergänglichkeit" gut verdeutlichen: Ein Dialog zwischen Vater und Sohn auf dem Weg von Basel zu dem Dorf Steinen im Wiesental. Der Bub fragt angesichts der Ruine des Rötteler Schlosses, ob es denn dem eigenen schönen Haus auch ergehen könnte wie dem einst stolzen Schloss. Der Vater bejaht und entfaltet vor dem staunenden Sohn ein Kaleidoskop der Vergänglichkeit allen Lebens – auch des eigenen. *Und woni gang, go Gresgen oder Wies, in Feld und Wald, go Basel oder heim, 's isch einerlei, i gang im Chilchhof zue.* („Und wo ich gehe, nach Gresgen oder Wies – zwei Orte im Kleinen Wiesental – in Feld und Wald, nach Basel oder heim, es ist einerlei, ich gehe dem Friedhof zu"). Im alternden und mit der Zeit verfallenden Vaterhaus ziehen die Generationen ein und aus und über die Stelle, an der das Dorf einmal stand, geht irgendwann der Pflug. Der Sohn fragt, ob das tatsächlich des Vaters Ernst sei, darauf schildert der Vater die Vision des letzten Tages, an dem ein Wächter kommt und ruft: *Wacht auf! Wacht auf, es kommt der Tag! Die Welt geht in Flammen auf, es brennt und brennt.* Der Sohn fragt erschüttert, wie es dann den Leuten gehe. *Die sind dann nicht mehr da*, antwortet der Vater. Wo sie sind? Bevor der Vater diese Frage beantwortet, ermahnt er den Sohn, fromm zu sein, sich wohl zu halten und das Gewissen rein; dann wendet er den Blick zum Himmel, an dem die Sterne stehen: Sie seien wie ein Dorf und weiter oben liege eine Stadt, die man nicht sehen könne. Wenn er sich gut halte, komme er in solch einen Stern, und finde, so Gott will, den Vater wieder und die Mutter. Und wenn er von dort die verbrannte Erde sehe, das Rötteler Schloss und die Berge, dann erinnere er sich wohl an das Leben dort, aber wolle nie mehr dorthin zurückkehren.

Tastsächlich spricht hier ein Sehender, der in ergreifenden Bildern das Weltschicksal, das Werden und Vergehen am eigenen Leib und Haus und Dorf schildert, mit der Wehmut des Trauerns aber zugleich den Blick zu heben versteht in eine tröstlichere Zukunft. Freilich, der Vergänglichkeit entgeht auch der Frömmste nicht, alles ist dem Wandel unterworfen. Nicht umsonst findet das Gespräch auf der Straße statt. Alles bewegt sich: *Hörsch nit wies Wasser ruuscht?* So wenig man das Fließen des Wassers aufhalten kann, so wenig kann man den Augenblick aufhalten. Hebel kannte die griechische Philosophie zu gut, als dass man da nicht an Heraklits „Alles fließt" denken müsste. Diese Botschaft setzt Hebel in den „Alemannischen Gedichten" häufiger in Bilder um – so ähnlich spricht der „Wächter um Mitternacht", so lässt sich „Des Neuen Jahres Morgengruß" vernehmen.

Nein, die Gedichte sind alles andere als heiter-besinnliche oder auch nur nachdenkliche Appelle an ein bürgerliches Wohlverhalten. Sie tragen das Mal eines Weltschmerzes, aber nicht als tragisches Geschick ins Bild gesetzt, sondern gegenwärtig in allen vertrauten Dingen und täglichen Handlungen. Selbst der wöchentliche Wechsel vom Sonnabend zum Sonntag wird im Gedicht „Sonntagsfrühe" zum Symbol des Wandels: Samstag und Sonntag treten als Personen auf – der eine abgeschafft und müde, der andere jung und geschmückt zum Feiertag. Und beides ist nicht von Dauer, weder die Mühe noch die Feier, weder die Arbeit noch die Ruhe, alles wiederholt sich.

Aber nichts, dachte ich, geht doch in ihr (der Welt) *verloren. Es ist alles nur Wechsel, neues Leben aus dem Tod, Abgang hier, Zufluss dort*, fasst Hebel in einem Aufsatz die „Weltgesetze" zusammen. Im Entwurf „Die Ruinen" heißt es: *Es wird immer fortdauern, Krieg und Frieden, wo Nationen sich ablösen, andere Ruinen sich wieder zu diesen gesellen und sie ersetzen, Kirchen, Kriegsburgen – Ewiger Wechsel im Menschenwerk, Altern und Werden. – Die Natur ist ewig jung, immer anderst und immer die nämliche.*

Die große Welt in der kleinen

Johann Wolfgang von Goethe hat in seiner Rezension der Gedichte in der Jenaischen Literaturzeitung im Jahr 1804 die Kunst Hebels als eine doppelte gesehen: „An der einen (Seite) beobachtet er mit frischem, frohen Blick die Gegenstände der Natur, die in einem festen Dasein, Wachstum und Bewegung ihr Leben aussprechen, und die wir gewöhnlich leblos zu nennen pflegen, und nähert sich der beschreibenden Poesie, doch weiß er durch glückliche Personifikationen seine Darstellung auf eine höhere Stufe der Kunst herauf zu heben. An der anderen Seite neigt er sich zum sittlich-didaktischen und zum allegorischen; aber auch hier kommt ihm jene Personifikation zu Hülfe, und wie er dort für seine Körper einen Geist fand, so findet er hier für seine Geister einen Körper ... so verwandelt der Verfasser diese Naturgegenstände zu Landleuten, und verbauert auf die naivste, anmuthigste Weise durchaus das Universum."

Das Wort „verbauern" kann man freilich nicht unkommentiert hinnehmen. So als habe Hebel die Naturvorgänge simplifiziert und vergröbert. Die Gedichte malen scheinbar alltägliche Szenen auf eindringliche Weise nach und verleihen der Sprache eine treffende Bildkraft. Woher diese Eindringlichkeit rühren könnte, hat der erste Biograf Hebels, Albert Preuschen, einleuchtend erklärt. Die „Alemannischen Gedichte" berühren oft und meist das eigene Leben Hebels. So tritt in der einsamen Mutter, die dem schlafenden Knaben den Christbaum ziert, das Bild seiner eigenen Mutter hervor; ebenso stellt das damit verwandte Gedicht „Die Frage" die Mutter des Dichters in ihrer Erziehungsweise dar. Außerdem verlegte er das Gespräch über die Vergänglichkeit zwischen Brombach und Steinen an die Stelle, wo er seine Mutter verlor. Dies mag auch erklären, warum Hebel zu einem zweiten Band Gedichte nicht mehr kommen wollte oder konnte. Es ist, als habe er seine Kindheit mit neuen Augen erblicken und sie als Gleichnis des Menschseins insgesamt verstehen gelernt.

Hebel staunte über den Erfolg, ließ sich aber davon nicht blenden. Seinem Freund Hitzig vertraute er 1805 an: *Aber, lieber Freund, dieser Beifall hat mich zur Fortsetzung nicht aufgemuntert, sondern verzagt gemacht; ich mag ihn nicht selber wieder wegsingen. Der Geist, der damals so stille über mir schwebte, ist beschrien und verschwunden.*

Die erste Auflage hatte Hebel noch selbst besorgt, die Freunde halfen ihm Subskribenten aufzutreiben. Hebel hatte sogar das Papier für die 1 200 Exemplare besorgt. Nur wenige Bücher kamen in die Buchhandlungen. Die zweite Auflage hatte der Verlag Macklott in Karlsruhe auf eigene Kosten übernommen, sie umfasste 750 Exemplare und zum ersten Mal hatte Hebel Geld mit seiner Schriftstellerei verdient. 600 Gulden erbrachte der Verkauf, dazu 150 Gulden für die zweite Auflage – *Aber einen Teil davon bedurfte ich, Schulden zu bezahlen, und etwas zerrann in fröhlichem Leichtsinn.*

Eine vierte Auflage erschien 1808, zum ersten Mal mit zahlreichen Bildern, eine fünfte 1820. Die „Alemannischen Gedichte" waren überall bekannt geworden, wo man Deutsch sprach.

Freiburg lockt vergebens

Hebel war berühmt geworden – eine Zierde für die kleine Residenzstadt. Sie erwies ihm dafür ihre Reverenz. Am 12. Dezember 1805 wurde er zum Kirchenrat ernannt. Zudem schienen die politischen Verhältnisse ihn der Erfüllung seines Traumes, eine Pfarrei zu übernehmen, näher zu bringen. Der katholische Breisgau mit seinem Zentrum Freiburg, ehemals vorderösterreichisches Gebiet, wurde Baden zugeschlagen. In Freiburg sollte eine lutherische Pfarrei errichtet werden. Freiburg – das war zwar nicht die ersehnte Dorfpfarrei und nicht das Oberland, aber doch so nahe, dass er mit wenig Aufwand dahin hätte gelangen können. Hebel schwankte, reiste nach Freiburg. *Das Resultat meiner Reise wird die Entscheidung sein, ob ich die neue lutherische Pfarrei in Freiburg annehme oder nicht. Fast glaube ich Ja.* In Freiburg wurde er herzlich empfangen und ermuntert, doch Karlsruhe zu verlassen. Aber kaum hatte er Freiburg den Rücken gekehrt, da befiel ihn wieder die alte Unsicherheit. Fast 15 Jahre lebte er nun in Karlsruhe, hatte dort Freunde gewonnen, sich an Theater und Gesellschaft gewöhnt, aller Sehnsucht nach dem Oberland zum Trotz. Als er nach Karlsruhe zurückkehrte, wurde ihm die Entscheidung leicht gemacht. Der Großherzog bat ihn in Karlsruhe zu bleiben und erhöhte gleichzeitig sein Einkommen. *Ich bleibe in Karlsruhe, wie es scheint. Unter anderem will's der Großherzog haben, was mir sehr lieb ist, damit ich nicht selber wählen darf*, gestand er den Freunden in Straßburg.

SIEBTES KAPITEL

Der Kalendermann

Ein Gutachten mit Folgen

Es gab – neben anderen Gründen – auch einen besonderen, der Hebel an Karlsruhe band. Er mag schon geahnt haben, dass eine neue reizvolle Aufgabe auf ihn zukommen könnte. Das Gymnasium illustre war Herausgeber und Verleger eines Landkalenders für die baden-durlachischen Lande. Kalender hatten in dieser Zeit um 1800 Hochkonjunktur. Sie waren überall verbreitet, zählten zwischen 1700 und 1850 zur populärsten Literatur. Anders als Zeitschriften und Bücher wandten sie sich nicht an die dünne Schicht der Gebildeten, sondern waren für alle bestimmt. Ihre Verfasser waren anonym, die Kalender erschienen im Jahresrhythmus, dienten der Zeitplanung, waren durch die handschriftlichen Eintragungen ihrer Benutzer ein Wissensspeicher und eine Erinnerungshilfe, enthielten aber auch medizinische, hygienische und landwirtschaftliche Informationen, die wichtigen Marktdaten oder Festtage. Daneben boten sie Nachrichten, die der Produktionsbedingungen wegen nicht eben brandaktuell waren, und literarische Unterhaltung – eben „Kalendergeschichten", Schwänke, Anekdoten und so weiter. Die gebrauchten Kalender dienten endlich noch über 1800 hinaus den Schulkindern der Alltagsschulen als Lesestoff.

Der Karlsruher Kalender wurde überwiegend von den Professoren des Gymnasiums mit Beiträgen versorgt. Auch Hebel hatte seit 1803 Artikel mit meist naturgeschichtlichen Themen, beigesteuert. Allerdings etwas widerwillig – er fand den Kalender viel zu dürftig und schwerfällig. Allein schon der Titel hatte ihn amüsiert: „Kurfürstlich badischen gnädigst privilegierten Landkalender für die badische Markgrafschaft lutherischen Anteils". Dieser Titel *enthielt nichts als die treuherzige Warnung: Kaufe mich nicht!* Das Gutachten, das Hebel unaufgefordert über den Kalender anfertigte, hatte es in sich. Der Kalender war in der Tat schwerfällig, er wurde immer weniger verlangt, die schweizerischen Volkskalender wurden zur ernsten Konkurrenz. Die Behörden versuchten gegenzusteuern, indem sie erst den Verkauf kontrollierten: Wer einen Kalender kaufte, musste als Badener den Karlsruher nehmen. Schließlich verfügte der Markgraf 1798 einen Abnahmezwang, was die Verkaufszahlen nicht erhöhte, wohl aber die Bevölkerung so sehr gegen die Verfügung aufbrachte, dass Kalender öffentlich zerrissen wurden und ein Amtsbote davongejagt worden war.

Der Kalender musste ein neues Gesicht bekommen. Doch alle Versuche, die eine eigens dafür eingesetzte Kommission unternommen hatte, hatten keinen Erfolg gehabt. Hebel hatte einen scharfen Blick, sowohl was die Fehler des alten Kalenders als auch was das Bedürfnis seiner Leser anging, dem ein neuer Kalender besser entgegenkommen müsste. Sein Programm war überzeugend. Es mutet heute noch modern an: zugkräftiger Titel, größere Lettern – also leichter lesbar, mehr Bilder, gutes Papier. Dazu ein klassisches Relaunch: Gleichförmigkeit im Arrangement, damit die einzelnen Rubriken leichter auffindbar werden, Übersichtlichkeit im Druckbild. Auch der Inhalt musste aktueller werden. Einiges aber sollte auch bleiben – astrologische Deutungen etwa, das sei zwar albern, aber das läsen die Leute gern. Hebels Hauptwunsch aber war: mehr Text. *Der Kalender als Lesebuch für das Volk muss dem Herkommen und den Forderungen des Publikums gemäß für den gemeinen Mann, der in seiner Art ebenso neugierig als der Gebildete ist, ein Stellvertreter der Zeitungen und Zeitschriften für das vorhergehende Jahr sein, er muss die Haupt-Staatsbegebenheiten, wenn solche vorfielen, und etwas von respektablen Waldbränden, Mordtaten, Hinrichtungen, Naturerscheinungen etc. wenigstens als Lockspeise aus den Zeitungen, und schöne Handlungen, zweckmäßige kleine Erzählungen, neue Entdeckungen, Anekdoten etc. aus andern Zeitschriften vor sein Publikum bringen.* Ein guter „Aufmacher", würde man heute sagen, bringt Auflage. Unterhaltsam, attraktiv – aber nicht belehrend sollte der „Hausfreund" sein. Da zeigte sich doch der gute Pädagoge: *Die Absicht zu belehren und zu nützen, sollte nicht voranstehen, sondern hinter dem studio placendi maskiert und desto sicherer erreicht werden.* Will man gern gelesen werden, muss man dem Volk gefallen, sollte dabei aber sein Ziel, es zu bilden, nicht aufgeben.

Zur Ader gelassen

Ein besonderes Beispiel kann die Absicht Hebels verdeutlichen. Aus dem alten Konzept des Kalenders hatte Hebel sowohl astrologische Prognosen wie auch das sogenannte Aderlassmännlein übernommen – beides Elemente, die dem vor allem in der Landbevölkerung weit verbreiteten Aberglauben entsprachen und ihn befriedigten. Hebel konnte auf Grund seiner aufklärerischen Haltung und seiner naturwissenschaftlichen Kenntnis natürlicher Abläufe beiden Elementen nichts abgewinnen, behielt sie aber doch im Kalender. Freilich nicht, ohne sie zu verändern. So gab es eine „Aderlasstafel" – eine skizzierte männliche Figur, an der die Punkte markiert und beschriftet waren, an denen bei bestimmten Krankheiten (Gicht, Fieber, Wahnsinn, Schlagfluss) ein Aderlass Linderung verschaffen sollte. Diese mittelalterliche ärztliche Praxis war damals bereits lange überholt. Hebel strich die sonst üblichen astrologischen Zeichen der Aderlasspunkte. Es sei albern, zu glauben, die himmlischen Zeichen hätten irgendeinen Einfluss auf das Aderlassen, fügte er im erklärenden Text zusammen mit folgendem Hinweis hinzu: *Der Gesunde soll nicht ohne Noth aderlassen, und der Kranke soll einen vernünftigen Arzt fragen.* Ein Zugeständnis an die Tradition mit pädagogischem Effekt.

Das Gesamtkonzept überzeugte alle – es fehlte nur noch der rechte Mann. Hebel bot sich selbst nicht an, beschrieb den Herren im Consistorium aber genau, wen er für geeignet hielt. Er wollte, *dass ein Mann von Geist und Laune, zugleich ein vertrauter Kenner und Freund des Volkes, die Bearbeitung des Kalenders in die Hände bekäme.*

Wen wundert es, dass man den Ideengeber gleich auch für die Ausführung haftbar machte und dieser auch sofort nickte, als das Consistorium gegen ein mäßiges Honorar ihm die alleinige Redaktion übertrug? Er hatte wohl auch damit gerechnet. 1807 erschien die erste Ausgabe aus seiner Hand, im Jahr darauf schon mit dem neuen zugkräftigeren Titel „Rheinländischer Hausfreund oder Neuer Kalender auf das Schaltjahr 1808 mit lehrreichen Nachrichten und lustigen Erzählungen".

Der Erfolg ließ nicht lange auf sich warten. Die Verkaufszahlen stiegen an, obwohl Hebel schon gleich zu Anfang dafür sorgte, dass der alte Zwang zum Kalenderkauf abgeschafft wurde. *Ich höre, kann es aber nicht beweisen, dass der Kalender noch hier und da durch Hatschiere* (Leute, die als Gemeindebüttel fungierten) *aufgedrungen werde. Ist diese Verfahrensart in jedermanns Augen so abscheulich als in den meinigen, so wird ohne Zweifel dem Grund des Gerüchtes nachgespürt, und wenn es sich bestätigt, wenigstens die Härte des Bannes gemildert und der Missbrauch derselben zerstört werden. Wer möchte Verleger oder Verfasser einer Schrift sein, die auf solche Art abgesetzt wird, solange nicht der desperate Hunger als Premier-Konsul die Republik der Gefühle beherrscht.* Waren 1805 knapp 20 000 Exemplare gedruckt worden, wovon ein gut Teil liegen blieb, wurden bald 40 000 gedruckt, wovon 1811 nur 6 000 liegen blieben. Die für das Jahr 1812 insgesamt 40 000 gedruckten Kalender waren schon im November 1811 vergriffen, der Kalender und mit ihm der Kalendermann Hebel wurden weit über die Grenzen des Großherzogtums hinaus bekannt.

Der freundliche Erzähler

Hebel war als Erzähler stets darauf bedacht, den Ton zu treffen, den die vorgesehene Leserschaft erwartete oder erwarten konnte. Das mag erstaunen. Weithin herrschte doch die Meinung, Hebel habe eben seine eigene Feder geführt, wenig flexibel, eher einfach und natürlich, zwar von besonderem Stil, aber nicht sehr wandlungsfähig. Das Gegenteil trifft zu: Hebel hat sehr bewusst Aufbau, Inhalt und Sprache seiner Erzählungen auf die Erwartungen seiner Leser abgestimmt. Archaische, ans Biblische grenzende Stilmittel standen ihm ebenso zur Verfügung wie der Slang der Gauner und Diebe; fremde Dialekteinsprengsel zeugen von seiner Sprachgewandtheit, er hatte die Gabe, „dem Volk aufs Maul zu schauen".

Verständlich, dass er Begehren bei anderen Kalenderverlegern weckte. Josef Engelmann, ein Verlagsbuchhändler in Heidelberg, fragte an, ob er nicht die Redaktion für einen wöchentlich erscheinenden Kalender übernehmen wolle. Hebel lehnte dankend ab, er habe bereits eine ähnliche Anfrage erhalten und verneint. Dabei gewährte er einen zweiten Einblick in sein Nachdenken über das anzusprechende Publikum. Zunächst wies er auf die zu große Arbeitsbelastung hin. *Die Volksschriftstellerei nach den Forderungen, die ich an sie mache, frisst so viel Zeit und Laune, wo nicht mehr, als jede andere, und ist, wenn ich Ihnen meine Meinung darüber gestehen soll, die unnützeste und undankbarste von allen.*

Dann aber ging Hebel auf das eigentliche Problem ein, das er sah: *Nur wenige aus dem Volk können und mögen sich über ihre paar Hausbücher und den Kalender hinaus mit Lektüre*

71

abgeben und die übrigen, die es nicht tun und sich lieber durch verständigen Umgang belehren lassen, sind vielleicht gerade diejenigen, die die Schranken ihres Berufs am besten kennen und respektieren, und die Gebildeten werden einer Lektüre, die nicht für sie berechnet ist, wenn sie auch anfänglich davon angezogen werden, bald satt und ekeln vor der losen Weise, wenn sie ihnen jede Woche aufgetischt wird, und der unseligste Einfall ist es, in einem unfesten Ton und Charakter bald für diese, bald für jene Klasse und Kulturstufe etwas hinzuwerfen, oder einen zwitterhaften Mittelton zwischen dem populären und gebildeten anzustimmen, um nach beiden Extremen hinaus die möglichst größte Zahl von Lesern zu ködern.

Einige Biografen haben darauf hingewiesen, dass Hebel das Schreiben nie zu seinem Brotberuf gemacht habe und immer darauf bedacht gewesen sei, nicht als Schriftsteller zu gelten – er sei lebenslang Theologe und Schulmann geblieben. Äußerlich trifft diese Beobachtung sicher zu. Andererseits trieb Hebel eine regelrechte Leidenschaft fürs Schreiben an, gemischt mit einem unbestechlichen Scharfblick für die Kunst der Sprache, so dass man nicht viel auf dieses Urteil geben muss. *So leicht alles hingegossen scheint*, schrieb er an einen Referenten des Consistoriums, *so gehört bekanntlich viel mehr dazu, etwas zu schreiben, dem man die Kunst und den Fleiß nicht ansieht und das in der nämlichen Form um den Beifall der Gebildeten zugleich und der Ungebildeten ringt.*

Störfeuer

Allerdings: Schreiben um jeden Preis war die Sache Hebels nicht. Dazu war er eine zu empfindsame Seele und angewiesen auf ein positives Echo. Schon eine kleine Störung genügte ihm, um die Redaktion des Kalenders hinzuwerfen. Das geschah 1814. Die Erzählung „Der fromme Rat" hatte zwar die Zensur passiert, hatte aber in katholischen Kreisen

Aufregung verursacht. Sie witterten eine „antikatholische Tendenz". Die Geschichte ist rasch erzählt:

Ein achtzehnjähriger Jüngling ging, noch unerfahren, katholisch und fromm, zum ersten Mal aus der Eltern Haus auf die Wanderschaft. In der ersten großen Stadt auf der Brücke blieb er stehen und wollte rechts und links ein wenig umschauen, weil er fürchtete, es möchten ihm nimmer viel solche Brücken kommen, an welche unten und oben solche Städte angebaut seien wie diese. Als er aber rechts umschaute, kam daher von einer Seite ein Pater und trug das hochwürdige Gut, vor welchem jeder Katholik niederkniet, der demütig ist und es recht meint. Als er aber links umschaute, kam von der andern Seite der Brücke auch ein Pater und trug auch das hochwürdige Gut, vor welchem jeder Katholik niederkniet, der demütig ist und es recht meint; und beide waren ihm schon ganz nahe, und beide waren im Begriff, an ihm vorbeizugehen im nämlichen Augenblick, der eine links von daher, der andere rechts von dorther. Da wußte sich der arme Mensch nicht zu helfen, vor welchem hochwürdigen Gut er niederknien und welches er mit Gebet und Liebe grüßen soll, und es war ihm auch schwer zu raten. Als er aber den einen Pater mit Bekümmernis anschaute und ihn gleichsam mit den Augen fragte und bat, was er tun sollte, lächelte der Pater wie ein Engel freundlich die fromme Seele an und hob die Hand und den Zeigefinger gegen den hohen und sonnenreichen Himmel hinauf. Nämlich vor dem dort oben soll er niederknien und ihn anbeten. Das weiß der Hausfreund zu loben und hochzuachten, obwohl er noch nie einen Rosenkranz gebetet hat; sonst schrieb' er den lutherischen Kalender nicht.

Der Generalvikar des Bistums Konstanz und der päpstliche Nuntius in Luzern protestierten, die badische Regierung nahm Rücksicht auf die 1806 zu Baden zugeschlagenen katholischen Gebiete und verfügte, der Kalender müsse eingezogen und in einer neuen Fassung vertrieben werden, in der die inkriminierte Erzählung fehlte. Leider waren bereits 40 000 Exemplare gedruckt worden, zwei Bogen, auf denen „Der fromme Rat" stand, wurden mit einem anderen Stück nachgedruckt, da das Vertreiben der alten Fassung bei Strafe von 20 Talern verboten war.

Hebel war verstimmt. Er konnte nicht erkennen, wie und warum er die katholische Religion „verunglimpft" habe, und fand das Protestschreiben des Generalvikars aus Konstanz *ein zum Todlachen grobes und unverständiges Schreiben.* Wie konnte man ihm, der Achtung vor jeder Religion hatte, unterstellen, er habe die Katholiken lächerlich machen wollen? *Ich habe an dieser Sache keine Sünde, darüber will ich mich richten lassen.* Kurzerhand legte er die Redaktion nieder. Gustave Fecht teilte er diesen Entschluss recht trocken mit: *Und doch um auch ein wenig zu trotzen und jenen Herrn einigen Unwillen des Publikums aufzuladen, schreibe ich jetzt keinen (Kalender) mehr.* Er legte ihr einen der verbotenen Kalender bei, ebenso seinen Freunden in Straßburg, nicht ohne zu erwähnen, er sei ja nun 20 Taler wert – *ist obige Strafe darauf gesetzt, wer einen ausgibt, wer ein Exemplar hat, und sehen lässt, muss sagen, von wem er es bekommen hat.*

Das war das Ende des Hausfreundes Hebel, im folgenden Jahr erschienen nur noch zwei Geschichten von ihm im Kalender, dann nur noch vereinzelte Stücke, nur die Ausgabe von 1819 kam noch einmal aus seiner Feder.

Die Welt am Esstisch

Das literarische Konzept eines Kalenders war klar, zu seinem Aufbau kein großer Entwurf vonnöten. Er hatte dem jährlichen Rhythmus zu folgen, verzeichnete die Mondphasen, war als Vademecum bäuerlicher Arbeit im Haus, im Garten und auf dem Feld nötig. Zugleich aber brachte er Zerstreuung und Unterhaltung. Die Ebene, auf der Hebel seinen Lesern im Kalender gegenübertrat, hatte eine ungewöhnlich einnehmende Eigenschaft: Er erzählte tatsächlich wie ein Freund, der aus der großen Welt zurück in die Heimat kommt, freundlich an die Tür klopft und, nachdem er am Tisch Platz genommen hat, zu erzählen beginnt. Und beim Erzählen nehmen die Großen der Geschichte, Napoleon und der Kaiser Franz in Wien, Andreas Hofer und der russische General Suwarow am gleichen Tisch Platz. Daneben sitzt der Husar aus Neiße, eine Edelfrau berichtet von ihrer schlaflosen Nacht und man muss nur den Blick heben, da geschieht vor dem Fenster die Beschießung von Kopenhagen, man schaut auf die prächtige Stadt Amsterdam, Mailand liegt nicht weit entfernt. Es ziehen glückliche und unglückliche Menschen vorüber, der Zundelfrieder lugt um die Ecke, man hört die Klagen der Geplagten, schauert vor merkwürdigen Gespenstern und der heimlichen Enthauptung. Man hört aber auch die Freudengluckser der Beglückten und erlebt den fechtenden Handwerksburschen von Anklam, der für eine alte Frau, von der er Lebensmittel „fechten" wollte und die selbst nichts zu beißen hatte, betteln ging. Dann betritt man Amsterdam, versteht das fremde Holländisch nicht, hält den „Kannitverstan", mit dem die Einheimischen auf die Frager, wem das stolze Haus gehöre, antworten, nicht und hält Kannitverstan für einen reichen Mann, sieht dann den Trauerzug vorüberziehen – im Sarg derselbe „Kannitverstan", lächelt über die Naivität des Reisenden und denkt zugleich über die Vergänglichkeit des Reichtums nach. Stets klingen die Erzählungen natürlich und zwanglos, als ob man sich in der Nachbarschaft träfe und einander erzählte. Freilich umgibt sich der Erzähler immer mit der Aura des Geheimnisvollen, nie erklärt er, woher er die Geschichten kennt, er macht sich mit den Lesern nie ganz gemein, bleibt auf lächelnder, freundlicher Distanz. Er ist herzenswarm, aber zugleich höflich distanziert, er drängt sich nicht auf, er bietet an – selbst wenn er scheinbar warnend den Zeigefinger hebt, hebt er die Stimme nicht, sondern legt eine Einsicht nahe, der man nicht zwingend folgen muss. Er bietet Zoologisches und Botanisches an, gibt praktische Ratschläge, Rechenexempel, Erinnerungen an ferne Zeiten, stellt zeitgeschichtliche Betrachtungen an, verliert sich in heiteren und sinnigen Ereignissen und Geschichten. Die wenigsten Texte der Kalender sind Hebels eigene Erfindungen – er hat *mehr reproducirt als producirt*. Über weite Strecken sind seine Texte gutes, wunderbar geschriebenes Feuilleton.

Feingefühle

Hebel hatte bei der Auswahl der Themen ein besonderes Gespür für atmosphärische Schwingungen im politisch-gesellschaftlichen Bereich.

Vom Jahr 1808 an durften Juden in Baden nicht mehr um ihrer Religion willen vor dem Recht benachteiligt werden. Eine Gleichstellung mit den christlichen Bürgern blieb ihnen allerdings auch 1818 in der neuen Verfassung verwehrt. Über die längst fällige Judenemanzipation las man im Kalender nichts. Wohl aber einige Stücke, die das Thema auf besondere Weise behandelten. „Glimpf geht über Schimpf" und eine kleine Geschichte über den großen Moses Mendelssohn. Die erste Geschichte berichtet davon, wie ein Jude, dem die Kinder immer, wenn er durchs Dorf ging, *„Jud! Jud! Judenmauschel!"* nachriefen, durch seine Großzügigkeit die Kinder zum Schweigen brachte. Und Moses Mendelssohn wird als ein *sehr frommer und weiser Mann* vorgestellt, *von den angesehensten und gelehrtesten Männern hochgeachtet und geliebt. Und das ist recht. Denn man muss um des Bartes willen den Kopf nicht verachten, an dem er wächst.* Der Kalendermann berichtet, wie ein Freund zu Mendelssohn kam, der unter viel Schreibarbeit schwitzte, und ihn fragte, ob es nicht unverantwortlich sei, dass ein so kluger Mann wie er einem Anderen, der ihm nicht das Wasser reichen kann, ums Brot dienen muss. *Seid Ihr nicht* am kleinen Finger gescheiter als er am ganzen Körper, so groß er ist? Ein anderer hätte dem Freund recht gegeben, das Tintenfass hinter den Ofen geworfen und die Feder dazu. Mendelssohn aber habe geantwortet: *Das ist recht gut so und von der Vorsehung weise ausgedacht. Denn so kann mein Herr von meinen Diensten viel Nutzen ziehen, und ich habe zu leben. Wäre ich der Herr und er der Schreiber, ihn könnte ich nicht brauchen!*

In einem nächsten Jahrgang berichtete Hebel vom „Großen Sanhedrin in Paris" und erzählte vom „gläsernen Juden". Keine Appelle zur Toleranz, sondern Schilderungen des Menschlichen, das es zu achten gilt.

Der Miniaturkosmos

Alle Geschichten und Ereignisse dienen zur Lehre, zur Einsicht in die Weltgänge und das eigene Leben und dessen Brüchigkeit und Vergänglichkeit. Die große Welt spielt sich im Kleinen ab. Diese scheinbare Miniaturisierung des Kosmos hat manchen dazu verführt, die kleine Welt, von der aus Hebel in einen ganzen Kosmos schaut, als Ziel und Inhalt seiner Dichtung zu sehen. Walter Benjamin hat in einer Untersuchung Hebelscher Dichtung den Versuch gemacht, Hebel aus der „beschränkten Idylle", in die ihn die Nachwelt gelegentlich gesperrt hatte, zu erlösen. Man habe Hebel „zu einem Nippfigürchen verkleinert", in Wahrheit sei er ein streng moralischer Dichter gewesen, freilich kein Moralprediger, sondern moralisch in einem höheren Sinn: „Moralisch ist ein Handeln, dessen Maxime verborgen ist. Nicht verheimlicht oder versteckt wie Diebsgut, sondern verborgen wie Gold in der Erde. Seine (Hebels) Moral ist also gebunden an Situationen, in welchen sie die Leute erst entdecken. Und damit gleicht sie der Frömmigkeit, die auch niemals abstrakt werden kann, sondern das ganze Leben in Situationen aufteilt, welche ihr dienen." Diesem Urteil kann man nur zustimmen.

Das Schatzkästlein

Ende 1809 klopfte der bekannte Verleger Cotta bei Hebel an und schlug vor, man könne doch ein Schatzkästlein für die interessanten Artikel des Hausfreundes anlegen. Im Mai 1811 erschien das „Schatzkästlein des rheinischen Hausfreundes". Die Bezeichnung „Schatzkästlein" geht auf Cotta zurück – eigentlich war dieses Wort eher im Pietismus zu Hause, man stellte Textstücke und Gedichte zu einem „Goldenen Schatzkästlein" zusammen, aus dem man sich täglich einen kleinen Trost holen konnte. Hebel scheint den Namen einfach akzeptiert zu haben, gewehrt hat er sich nur gegen den Vorschlag, statt „rheinisch" „deutsch" zu setzen. *Das Prädikat des deutschen Hausfreundes rechtfertigt sich durch nichts, weder durch den Namen einer früheren Schrift, aus welcher die Aufsätze zusammengetragen sind, noch durch den Inhalt. Hausfreund einer großen Nation klingt ohnehin ein wenig zu eng und zu weit nebeneinander. Es müsste eher deutscher Volksfreund oder Bären-Anbinder heißen.*

Als Honorar bot Cotta Hebel an, ihm eine Reise nach Paris zu bezahlen. Hebel fand das *sehr liberal und dankenswert. Ein Glück jedoch für Sie oder mich, dass nichts daraus wird. Die Rechnung hätte können stark werden.*

Allerdings: Hebel hat sich für das „Schatzkästlein" viel Arbeit gemacht. Er hat aus den Anekdoten und Erzählungen alles getilgt, was ihm einen zu lokalen Bezug zu haben schien. Außerdem ersetzte er alle Ausdrücke, die badisches Lokalkolorit trugen, durch schriftdeutsche Begriffe. *Indem ich den von sächsischen Vielschreibern gemachten und konventionell, aber unrichtig gehaltenen Ton der Popularität und Natur verschmähte und den, der wirklich existiert, zu erfassen, zu ver-*

edeln und durch Laune zu würzen suchte, ist mir zwar über meine Hoffnung die große Aufgabe gelungen, diese Lektion dem ungebildeten Leser interessant und dem gebildeten nicht uninteressant zu machen. Doch wird es zu obigem Zweck der Revision nötig sein, dass Sie mich gefällig wissen lassen, welche Klasse des Publikums Sie vorzüglich ins Auge fassen, bat er Cotta schriftlich. Insgesamt strich er etwa 20 Artikel aus den Kalendergeschichten und stellte die Erzählungen und Lehrstücke neu zusammen. Das „Schatzkästlein" ist darum ein eigenständiges Werk geworden, obwohl es keine grundsätzlich neuen Stücke enthält.

Der Kanonier auf der Sonne

Es beginnt mit der Beschreibung des Himmelszeltes und endet mit der Geschichte einer immerwährenden Liebe und der Auferstehung. Eine wahrhaft weltumspannende Weite der Themen deutete Hebel damit an.

Das erste Stück gewährt einen Einblick in die Sprachkunst Hebels. Zunächst holt er den Leser ab: *Dem geneigten Leser, wenn er zwischen seinen bekannten Bergen und Bäumen daheim sitzt bei den Seinigen, oder bei einem Schöpplein im „Adler", so ist's ihm wohl, und er denkt nicht weiter. Wenn aber früh die Sonne in ihrer stillen Herrlichkeit aufgeht, so weiß er nicht, wo sie herkommt, und wenn sie abends untergeht, weiß er nicht, wo sie hinzieht, und wo sie die Nacht hindurch ihr Licht verbirgt, und auf welchem geheimen Fußpfad sie die Berge ihres Aufgangs wiederfindet.* Es sei töricht, nicht danach zu fragen, was das bedeute, was man alle Tage sieht, fährt der Hausfreund fort und setzt an, er wolle nun *eine Predigt halten, zuerst über die Erde und über die Sonne, darnach über den Mond, darnach über die Sterne.*

Man ist amüsiert darüber, auch heute noch, dass da einer, der sich naiv stellt, eine „Predigt" zu halten gedenkt, obwohl es doch um eine astronomische Betrachtung und Information geht. Nichts anderes ist der Inhalt des Artikels, er informiert darüber, wie das kopernikanische Weltbild zu verstehen ist, wie und warum die Planeten umeinander kreisen, wie groß und sogar wie schwer die Erde ist. Und dann folgt – ein Meisterstück der bildlichen Erklärung – eine Schilderung, die verdeutlicht, wie man sich die Entfernung der Sonne von der Erde und das Kreisen der Erde um die Sonne vorzustellen hat.

Die Sonne, so nahe sie zu sein scheint, ist doch 20 Millionen Meilen weit von der Erde entfernt. *Weil aber eine solche Zahl sich geschwinder aussprechen, als erwägen und ausdenken lässt, so merke: Wenn auf der Sonne eine große, scharf geladene Kanone stünde, und der Konstabler, der hinten steht und sie richtet, zielte auf keinen anderen Menschen als auf dich, so dürftest du deswegen in dem nämlichen Augenblick, als sie losgebrannt wird, noch herzhaft anfangen, ein neues Haus zu bauen, und könntest darin essen und trinken und schlafen, oder du könntest ohne Anstand noch geschwinde heiraten, und Kinder erzeugen und ein Handwerk lernen lassen und sie wieder verheiraten und vielleicht noch Enkel erleben. Denn wenn auch die Kugel in schnurgerader Richtung und immer in gleicher Geschwindigkeit immer fort und fort flöge, so könnte sie doch erst nach Verfluß von 25 Jahren von der Sonne hinweg auf der Erde anlangen.* Eine physikalisch recht genaue Angabe, Hebel rechnet mit einer Geschossgeschwindigkeit von 600 Fuß pro Sekunde, das sind 2 400 Stundenkilometer.

Ähnlich bildhaft erklärt Hebel die Umdrehung der Erde um sich selbst, indem er einen roten Faden von der Sonne an einen Kirschbaum oder an ein Kruzifix auf dem Felde knüpft, *so würde die Erdkugel diesen Faden in 24 Stunden einmal ganz um sich herumgezogen haben.* Man kann sich die Wirkung auf die Leser leicht vorstellen. Der Wissende mag belächeln, wie naiv die Bilder scheinen, und ist doch fasziniert von deren Aussagekraft – abstrakt habe er es schon gewusst, kann er sagen. Doch erst das Bild lässt Staunen über das Wunder der Schöpfung. Der Ungebildete, Nichtwissende und Fragende hingegen wird auf einmal verstehen, was im Weltall vor sich geht, weil er die großen Gesetze des Weltalls in seiner eigenen Umgebung wiedererkennen kann. Der Philosoph Martin Heidegger hat diese Technik „Steigerung ins Einfache" genannt, sprach vom „Sturz der Bildlichkeit vom Erhabensten zum Niedrigsten, vom Weltall zum Alltag, von der Ewigkeit der Schöpfung zur Dauer des Gewöhnlichen". Das klingt großartig. Heute würden wir nüchterner sagen: bester Wissenschaftsjournalismus, was Hebel da geliefert hat. Zugleich steckt aber auch eine feinsinnige Aufklärung im Text, ein Plädoyer für das verständige Wissen und für den Verstand gegen den Aberglauben. Teile, die im Kalender noch dann und wann aufschienen und dem Publikumsbedürfnis nach Aberglauben und esoterischen Spekulationen geschuldet waren, auch jede Beziehung zur Astrologie, tilgte Hebel im „Schatzkästlein" restlos. Wo die Naturwissenschaft an ihre Grenzen stieß, da verwies Hebel auf die göttliche Weisheit. Zugleich aber öffnete er gerade diesen ernstgenommenen Verstand neu für das Staunen, als sei es der Anfang der Religion. Der Himmel ist für den Hausfreund einerseits Gegenstand astronomischer Forschung, andererseits *ein großes Buch über die göttliche Allmacht und Güte, und stehen viel bewährte Mittel darin gegen den Aberglauben und gegen die Sünde und die Sterne sind die goldenen Buchstaben in dem Buch.* Die Betrachtungen über das Weltgebäude schlingen sich in Fortsetzungen durch das ganze Buch.

Ein Schimmer Hoffnung

Bewusst an den Schluss gesetzt hat Hebel die anrührende Geschichte vom „Unverhofften Wiedersehen" – die Erzählung von einem jungen Bergmann in Falun in Schweden und seiner Braut. Er *sagte ihr guten Morgen, aber keinen guten Abend mehr ... und sie saumte vergeblich selbigen Morgen ein schwarzes Halstuch für ihn zum Hochzeitstag, sondern als er nimmer kam, legte sie es weg, und weinte um ihn und vergaß ihn nie.* Oft genug ist gerühmt worden, auf welche unnachahmliche Weise Hebel die 50 Jahre vor dem Auge des Lesers vorüberziehen lässt. *Unterdessen wurde die Stadt Lissabon in Portugal durch ein Erdbeben zerstört, und der Siebenjährige Krieg ging vorüber, und Kaiser Franz der Erste starb, und der Jesuitenorden wurde aufgehoben und Polen geteilt, und die Kaiserin Maria Theresia starb, und der Struensee wurde hingerichtet, Amerika wurde frei ... Der Müller mahlte, und die Schmiede hämmerten, und die Bergleute gruben nach den Metalladern in ihrer unterirdischen Werkstatt.* Da ist Hebel wieder in Falun angekommen. Im Jahr 1809 (also nur zwei Jahre bevor das „Schatzkästlein" erschien), *etwas vor oder nach Johannis* entdeckten die Bergleute den Leichnam des jungen Mannes durch Eisenvitriol so erhalten, *dass man seine Gesichtszüge und sein Alter noch vollkommen erkennen konnte, als wenn er erst vor einer Stunde gestorben, oder ein wenig eingeschlafen wäre, an der Arbeit.* Die ehemalige Braut, *jetzt in der Gestalt des hingewelkten kraftlosen Alters,* erkennt ihn und nimmt ihn zu sich nach Hause. Am nächsten Tag wird er beerdigt, sie kleidet sich in ihr Sonntagsgewand, *als wenn es ihr Hochzeitstag und nicht der Tag seiner Beerdigung wäre.* Und dann setzt Hebel einen großartigen Schlusspunkt: *Denn als man ihn auf dem Kirchhof ins Grab legte, sagte sie: „Schlafe nun wohl, noch einen Tag oder zehn im kühlen Hochzeitsbett, und laß dir die Zeit nicht lange werden. Ich habe nur noch wenig zu tun, und komme bald, und bald wird's wieder Tag." – „Was die Erde einmal wiedergegeben hat, wird sie zum zweitenmal auch nicht behalten",* sagte sie, als sie fortging, und noch einmal umschaute.

Diese einfache Aussage, die Erde würde die Menschen nicht behalten, beschreibt den Trost und die Gewissheit des Glaubens treffender als jede theologische Abhandlung über die Auferstehung der Toten. So spannte Hebel im „Schatzkästlein" den Bogen von den ewigen Gesetzen des Universums bis zur Hoffnung auf den Jüngsten Tag.

Unterhaltsame Unterhaltung

Zwischen beiden Polen pulsiert das Leben. Den größten Teil des Buches nehmen historische Stoffe und Anekdoten ein. Bewundernd alle Geschichten und Geschichtchen, die sich um den großen Napoleon ranken, am Kaiserhof spielen, von Husaren und den Jägern von Hersfeld erzählen. Eingestreut viele Anekdoten und Geschichtchen von Handwerkern und Bauern oder von russischen Matrosen. Es fällt auf, dass Hebel den Großen der Geschichte etwas Ruhm hinzufügt. Die kleinen Leute dagegen büßen oft genug ihre körperlichen Kräfte ein, müssen leiden, werden betrogen, stoßen immer wieder an ihre Grenzen und verlieren vieles. Aber viele gewinnen dabei – nicht Geld und Gut, sondern Humor und Einsicht. Kommen Menschen ganz ungeschoren davon, werden sie meistens Gegenstand eines Witzes, wie in der Anekdote vom „Missverstand": *Im neunziger Krieg, als der Rhein auf jener Seite von französischen Soldaten, auf dieser Seite von schwäbischen Kreissoldaten besetzt war, rief ein Franzos zum Zeitvertreib zu der deutschen Schildwache herüber: „Filu! Filu!" Das heißt auf gut Deutsch: „Spitzbube". Allein der ehrliche Schwabe dachte an nichts so Arges, sondern meinte, der Franzose frage: Wieviel Uhr? Und gab gutmütig zur Antwort: „Halber vieri!"*
Vielleicht mag es heute verwundern, dass Hebel in seinen Erzählungen ein Weltbild ohne sozialkritische Untertöne gezeichnet hat. Das bestehende Ungleichgewicht zwischen

den Besitzenden und den Bedürftigen, der herrschenden Schicht und den Untertanen wird eher gutgeheißen als in Frage gestellt, obgleich nur wenige Jahre vorher die französische Revolution losgebrochen war und mit den Privilegien des Adels gebrochen hatte. Aber Napoleon ist in Hebels Augen der große Kaiser, der das Böse abwendet. Er lässt sich zum Volk herab und erinnert sich nach langer Zeit der guten Obstfrau von Brienne. Auch Josef ist Wohltäter und guter Kaiser, seine Heere verwüsten zwar das Land, aber er scheint damit nichts zu tun zu haben. Ebenso wenig wie Napoleon – er zettelt keine Kriege an, sondern lindert deren schlimme Folgen. Kriege sind wie unabwendbare Schicksalsschläge, die über das Land und die Bevölkerung hereinbrechen. Als in Hersfeld ein Aufstand losbricht und ein französischer Besatzungsoffizier getötet wird, da *konnte der Kaiser das nicht geschehen lassen.* Kein Wort über das Unrecht, das seine Truppen in der Stadt angerichtet hatten – im Gegenteil: *Die armen Einwohner von Hersfeld bekamen bald Ursache, ihre unüberlegte Kühnheit zu bedauern. Denn der französische Kaiser befahl, die Stadt Hersfeld zu plündern, und alsdann an vier Orten anzuzünden und in Asche zu legen.* Das Urteil wurde dann zwar gemildert, nur vier Häuser sollten angezündet werden, geplündert werden sollte dennoch. Da ließ der Kommandant der badischen Jäger (in Napoleons Diensten) seine Soldaten auf dem Markplatz antreten, erzählte ihnen von der Not der Einwohner und sagte dann: *Soldaten, die Erlaubnis zu plündern, fängt jetzt an. Wer dazu Lust hat, der trete heraus aus dem Glied!* Kein Mann trat heraus. Nicht einer! Dankbar wollten die Bürger dem Kommandanten ein Geschenk machen, dieser schlug das Ansinnen ab. Er lasse sich keine gute Tat mit Geld bezahlen. Hebel schloss die Geschichte: *Dies geschah zu Hersfeld im Jahr 1807, und das Städtlein steht noch.*

Ein Prediger der Selbstbescheidung?

Das Leid der kleinen Leute beklagte Hebel zwar, aber auch dies erscheint wie ein unabänderliches Schicksal. Die Lehre daraus wird selten wörtlich ausgesprochen, schwingt aber immer mit: Bescheide dich und trage dein Geschick mit Humor, ändern wirst du es nicht können.

Nun wäre es falsch, Hebel vorzuwerfen, er habe die Augen vor dem Unrecht schließen wollen und nur Ergebung gepredigt. Das würde von ihm verlangen, er hätte aus dem allgemeinen Denken und Bewusstsein seiner Zeit herausspringen können oder sollen. Die alten Ordnungen gerieten ins Wanken, als der Kaiser in Wien 1806 die Krone des Heiligen Römischen Reiches niederlegte und das Reich für erloschen erklärte. Baden, Großherzogtum von Napoleons Gnaden, musste sich als Staat neu organisieren, brauchte eine geordnete politische Landschaft. Hebels „Schatzkästlein" erschien vier Jahre vor dem Wiener Kongress, auf dem ganz Europa versuchte, die alten, gesicherten Verhältnisse wiederherzustellen. Die „soziale Frage" brach erst wenige Jahre nach Hebels Tod mit Macht auf.

ACHTES KAPITEL

Religion bleibt ein Geheimnis

*Zum 150. Geburtstag Johann Peter Hebels weihte 1910
der badische Großherzog ein überlebensgroßes Denkmal ein,
das bis heute in Lörrach an den Dichter erinnert.*

Der diskrete Christ

Über den Glauben gibt Hebel in seinen Erzählungen wenig Auskunft. Das ist bemerkenswert, vor allem, wenn man bedenkt, dass er studierter Theologe war. Freilich, praktizierender Pfarrer war er nicht, gepredigt hat er selten und seine Predigten erreichten das Niveau seiner Erzählungen nie. Fachtheologische Artikel hat er nur wenige geschrieben. Vermutlich war er kein leidenschaftlicher Theologe. Oskar Köhler, der ehemalige Professor für Universalgeschichte an der Universität Freiburg, warnt mit Recht davor, aus der Person und Geschichte Hebels „den Theologen herauspräparieren" zu wollen und aus den schriftlichen Zeugnissen „seine Glaubenssätze herauszufragen". Köhler begründet diese Warnung damit, dass Hebel „ein diskreter Christ" gewesen sei, im Grunde seines Herzens schweigsam und darum nie ganz offen. Zu Recht verweist Köhler auf die geradezu gegensätzlichen Urteile der Biografen und Kenner Hebels über dessen Religiosität. Die einen wehren gleich ab und behaupten, Hebel sei eher ein humanistischer Heide gewesen, der nur nicht konsequent genug war, es als Prälat vielleicht auch nicht sein wollte oder sein konnte, dies offen zu sagen. Andere wieder – etwa der ehemalige Bundespräsident Theodor Heuss – tun Hebels Glauben als „simple Gläubigkeit an die Allmacht und Gnade Gottes" ab. Der Biograf Meckel urteilt gar, Hebel sei „ganz naiv und gemütvoll in seiner Kirche" gewesen. Vorurteile zuhauf. Köhler empfiehlt darum zu Recht Zurückhaltung, wolle man dem näherkommen, was Hebel geglaubt habe.

Hebel war in der Tat kein Theologe von Profession, die Theologie war eher eine Art Hobby. Er hatte zwar Theologie studiert, aber nie wirklich als Beruf ausgeübt. Am Lyceum war er zwar „Professor für dogmatische Theologie" und dann Direktor, unterrichtete aber nicht Theologie, sondern Latein, Griechisch, Hebräisch und naturwissenschaftliche Fächer. Ob und wie er sich theologisch fortgebildet hat, darüber erfahren wir vom reifen Hebel nur wenig. Dem Pietismus stand er nicht wirklich nahe – ausgenommen der Person Heinrich Jung-Stillings. Den badischen Pietisten Alois Hennhöfer hat er einmal wenig bewegt predigen gehört. Zwar sei *die Predigt frisch von der Kanzel weg geboren* (also improvisiert), *reich an Bildern und Steckversen … ansonsten tief populär, ans gemeine streifend hart orthodox, etwas wenig pietistisch gefärbt, stark ansprechend, die Aktion sehr lebhaft und mit viel Schnupftuch. Sie schien mehreren Zuhörern, die ein Urtheil haben, nicht zu missfallen, anderen sehr.*

Dem bekannten Pietisten Heinrich Jung-Stilling war er einmal an der großherzoglichen Speisetafel begegnet. Zunächst hatte er ihn als *wallonischen Geistlichen taxirt*, dann aber spürte er plötzlich eine merkwürdige Ausstrahlung dieses Mannes und erfuhr auf Nachfrage, wer das sei. Die Begegnung bewegte ihn sehr: *Eine Minute unter solchen Menschen schaft mich zum frommen gläubigen Kinde um, das alle hebräische und griechische Weisheit und Thorheit vergisst.*

Wie religiös Hebel war

Den theologischen Rationalisten, die im Gefolge der Aufklärung daran gingen, den Glauben mit der kritischen Vernunft auszusöhnen, stand er gleichfalls kritisch gegenüber. Er polemisierte heftig gegen die *theologischen Radicalreformer und Carbonari* und amüsierte sich über die Interpretationsklimmzüge der *sogenannten Orthodoxie.* Er sorgte sich darum, dass der überlieferte Glaube an einer aufsteigenden Herrschaft der Vernunft zerbrechen könnte: *Wir sind ausgegangen aus dem lieblichen Paradies, wo noch die Elohim in der Abendkühle unter den Bäumen wandeln, und der Cherub der Aufklärung steht an der Pforte und lässt uns nicht mehr hinein – und was ist's besser mit uns geworden?*

Wie religiös war Hebel? Das ist zunächst eine indiskrete Frage, sie will etwas wissen von dem, was im Innersten eines Menschen vor sich geht und das, ins Licht der Öffentlichkeit gebracht, sein Gesicht nur verändert zu zeigen vermag. Vor allem bei zurückhaltenden und introvertierten Menschen wie Hebel. Sorgsam muss man unterscheiden, was er selbst öffentlich gesagt und was er ungeschützt seinen Freundinnen und Freunden in Briefen mitgeteilt hat. Hebel wusste sehr wohl, was heute einsichtige Psychotherapeuten und Theologen wissen: In jeder religiösen Empfindung steckt ein gutes Teil Kindlichkeit, naive Vorstellungen und Bilder, über die man nicht gern und vor allem nicht offen spricht. Für Hebel ist es die Geborgenheit, die ihm seine *fromme Mutter* gegeben hat, die in seinem Glauben fortlebt und von der Carl Jakob Burkhardt schreibt: „Das Geheimste sagt er uns in einer innerste Quellgründe erschließenden Kindersprache."

So lieh Hebel etwa einem sonnigen Ostermorgen in einem Brief an Gustave Fecht einen überraschend naiven Gedanken. Er könne sich lebhaft vorstellen, *wie's dem edlen Sohn Mariä so wohl ward, als er aus dem Grabe kam.* Zehn Jahre später gestand er: *Meine heilige Zeit, mein schönster Feiertag, wo ich näher als sonst bei Gott und allem Guten bin, dauert von Ostern bis Pfingsten. Da gehe ich gern in die Kirche und erbaue mich, wenn auch die Predigt schlecht wäre, am Evangelium. Denn in dieser Jahreszeit, wo draußen alles blüht, haben wir auch die Blüte der ganzen Kirche und Religion in den Sonntag Evangelien.* Freilich, er könnte ebenso fromm auch im Grasgarten bei einem Schoppen Rotwein, Glockengeläut und Bienengesumm sein.

Da klingt schon Naturseligkeit und Idylle an, eine Geborgenheit in der Natur – theologisch betrachtet die Geborgenheit in der guten Schöpfung Gottes. Naiv – oder doch anders zu verstehen?

Gott und Götter

Einen ganz anderen Ton schlug Hebel in der *Beichte* an, die er seinem Freund Hitzig 1809 ablegte. Ausdrücklich nannte der Kirchenrat Hebel diese Passage so, sie sei *so heilig als die am Altar*. Ihm leuchte, so Hebel, der Polytheismus immer mehr ein *und nur die Gefangenschaft, oder Vormundschaft, in welcher uns der angetaufte und anerzogene und angepredigte Glauben behält, hinderte mich bisher den seligen Göttern Kirchlein zu bauen.*

Was ihn wirklich störte, war nicht der Monotheismus an sich, vielmehr die Erkenntnis, die ihn wohl ins Mark getroffen hat (darum auch die Beichte), dass der Glaube seiner Zeit einen *philosophischen Gott* verehrte und dessen Verehrer eine Definition anbeteten, *und zwar eine selbstgemachte. Ihr Gott bleibt ewig ein Abstractum und wird nie concret.*

Darauf folgt eine Rückschau: In Zeiten der Bibel kannte man nur wenig vom Weltall, da *war es keine Kunst sich mit Einem Gotte zu begnügen, und ihn menschlich zu lieben, weil man ihn menschlich denken konnte.* Daraufhin seufzte er, er wolle sich *mit einem oder einigen Göttern dieser Erde begnügen, die um uns sind, die uns lieben und beobachten, die unsere Blüthenknospen aufthun, unsre Trauben reifen, denen wir trauen können.*

Polytheismus – da haben manche Biografen aufgeschrieen oder heimlich triumphiert, dass der Kirchenmann so ketzerische Ansichten haben konnte. Man muss allerdings schon genauer hinschauen, um Hebels Grundempfinden zu erkennen. Er sah genau, was die Krankheit der Theologie seiner Zeit ausmachte. Die Orthodoxie hatte Gott dem Glauben entfernt, hatte ihn zu einem bloßen Begriff und in die Abstraktion verflüchtigt. Hebel verglich die Orthodoxie einmal mit einem *durchsichtigen Hemdlein*, welches das *schöne nackte Evangelium deckt* und nennt die Dogmen *den ehrwürdigen Rost und Grünspan, der sich in der*

Reihe der Jahrhunderte zuerst am Evangelium angesetzt und her-
nach eingefressen hat. Man kann ihn nicht mehr rein wegschaben,
ohne etwas von dem edlen Metall anzukratzen. Man kann dieses
nur noch in seiner Cruste conserviren.

Rationalisten sind töricht

Andererseits: Der aufstrebende Rationalismus hatte nichts
dagegenzusetzen. Gegen ihn polemisierte Hebel kräftig: Die
Rationalisten seien Pfarrer, die meinten, sie hätten die Weisheit mit Löffeln gefressen. In Wahrheit hätten sie Dreck
gefressen, schwätzen auf den Kanzeln weltliche Sachen aus
Büchern, vernachlässigten die Bibel und wüssten nicht einmal, was drin steht. *Sie behaupteten, Christus sei der leibliche*
Sohn Josephs gewesen, habe nicht für uns gelitten und sei nicht von
den Toten auferstanden. Sie brächten uns so um Glauben und
Liebe, um Hoffnung und Himmel. Und wenn einer vor Kummer
und Trübsal schier verschmachtet, oder wenn einen sein Gewissen
an seine Sünden erinnert, oder wenn man im letzten Stündlein
liegt, dann stehen sie da wie die Maulaffen mit ihrer weltlichen
Weisheit.
   Beide Seiten, die Orthodoxen wie die Rationalisten, ver-
letzen die Gefühle der Gläubigen und opfern die Frömmigkeit dem Verstand. Die einen durch ihr theologisches
System, die anderen durch Verachten des religiösen
Bedürfnisses.
   Wo stand Hebel selbst?
   Die in der Tat für einen Kirchenrat – wäre sie öffentlich
geworden – peinliche Beichte schließt mit der Bitte an den
Freund und einem scheinbar rätselhaften Zusatz: *Einst-*
weilen verrathe mich dem Stand Basel nicht, wie wohl ich nicht
neben Stilling zu stehen hoffe. Jung-Stilling, der Pietist. Wollte
Hebel nicht neben ihm stehen oder sich nicht auf eine
Stufe mit ihm stellen? Wie auch immer. Dass in diesem

Zusammenhang der Name Jung-Stillings, den Hebel so verehrte, fällt, zeigt eine Richtung an, die Hebels christliche Existenz charakterisiert. Er suchte nach Nähe, nach der Erfahrung Gottes. Das rückte ihn in die Nähe der Pietisten, die ihm andererseits aber nicht ganz geheuer waren. Seinem Freund Hitzig, der ihm wohl gestanden hatte, er neige doch zu einer Art „Mysticismus" im Glauben, stimmte er zu: *Es freut mich, dass Du einen Mysticismus zum religiösen Glauben für nöthig haltest. Nur sollten wirs nicht sagen, denn wir solltens nicht wissen, wir sollten Mysticismus haben, und es nicht wissen, wir sollten gar keinen Namen, wenigstens keinen griechischen Terminus dafür haben. Denn dadurch wird ein so stilles und heimliches Hausgespenstlein leicht beschrien, wenn man ihm seinen Namen nennt, und je mehr wir vom Mysticismus reden und schreiben, desto leichter steigt er aus dem Herzen, wo er still und ruhig wirkt, in den Kopf, wo er lauter Unfug treibt.*

Eine Sache des Gefühls

Was Hebel vorschwebte, war eine *Religiosität, die der Sinnlichkeit entspricht,* die *lebendig, kräftig, anhaltend das Gefühl* heiligt. Der Prediger müsse diese Religiosität in den Gemütern wecken. Er solle in den Seelen seiner Hörer „*ein religiöses Gefühl entfachen,* aber die daraus folgenden Taten den Hörern überlassen, sie dazu nicht ermahnen. Den Weg sollten sie selbst finden. Den Predigern aber müsse man empfehlen, *eine lebendigere und kühne Sprache der Empfindung zu gebrauchen.*

Religion sei das Gefühl, der „schlechthinnigen Abhängigkeit", schrieb der große Theologe Friedrich Daniel Ernst Schleiermacher zur selben Zeit in Berlin und läutete damit eine Renaissance der Religion ein. Anders, aber doch nahe dieser Einsicht könnte man Hebels Beschreibung des Wesens des christlichen Glaubens ansiedeln. Sprach Hebel in seiner Schrift „Der Ackerbau, eine vorzügliche Schule der Religiosität" nicht von einem *geheimen Zug des Herzens, der zu Gott führt? Es will religiös sein, ehe es weiß, dass es soll. Die Vernunft selbst ist eine innere, lebendige und unerschöpfliche Erkenntnis, und der aufmerksame Beobachter dessen, was ihn umgibt, hat nicht nötig Landwirt zu sein und den Pflug zu führen, um im Auftauchen der Sonne, im Sternenheer, das die Nacht durchschimmert, im Gewittersturm, in der Blume des Feldes, in dem weisen Zusammenhang aller Dinge den zu schauen, zu bewundern, anzubeten, den das Herz so geheimnisvoll ahndet und die Vernunft so unausweichbar erkennt.*

Diese Verbindung von Herz und Verstand vermochte die damalige Kirchen- und Theologensprache nicht herzustellen. Im Gegenteil, sie verdunkelte eher.

Darum forderte Hebel auch: Weg mit der theologischen Kunstsprache aus den Gebeten und den Predigten. In seinen „Ideen zur Gebetstheorie" schrieb Hebel: *Reinige Gott unseren Stil von allem Schlendrian des Ausdrucks, von allem Hinüberdrehen ins Homiletische und Geistliche und Biblisch-Paulinische. Tausche der liebe Gott uns gegen diese fremde Zunftsprache unsere natürliche Sprache wieder ein, die wir verloren haben, damit wir beten können, wie die lieben Kinder zu ihrem Vater.*

Dogmatisch locker

Recht locker ging Hebel gelegentlich mit der kirchlichen Dogmatik um. Ihm ginge der kirchliche Begriff von Jesus zu weit, bekannte er einmal, aber dieser sei *der unschädlichste*. Die Menschwerdung Gottes in Jesus bezeichnete er als eine *Konzession an das schwache menschliche Herz*, an deren *himmelreiner Tugend ihr euer Herz erwärmen* sollt.

Oskar Köhler hat auf einen anderen besonderen Zug in Hebels Frömmigkeit hingewiesen, auf das Bewusstsein der

Erwartung, der Hoffnung, der Verheißung als einer wesentlichen Grundhaltung des Menschen. Er knüpft dabei an die Schilderung des Ostermorgens mit Glockengeläut und Bienensummen an, zitiert dann aber eine andere Passage aus einem 1811 an Gustave Fecht geschriebenen Brief: *Im Frühling ist's eine wahre Freude. Da ist alles so neu, und frisch, und geht so rasch vorüber. Aber im Sommer mach ich mir schon nichts mehr draus. Es ist sehr langweilig, den Äpfeln und Birnen zuzusehen, wie sie wachsen, und das Laub wird so unrein und rostig.* Vielleicht korrespondiere diese Naturerfahrung mit der „Anwandlung des Wunsches, ein Jude zu sein", wie eine bezeichnende Schrift Hebels überschrieben ist. Dort heißt es unter Bezugnahme auf das 40. Kapitel beim Propheten Jesaja: *... und solange der Mond noch an einen Israeliten scheint, der dieses Kapitel liest, so lange stirbt auch der Glaube an den Messias nicht aus.* Es ist vom Schein des Mondes die Rede, nicht von der Sonne des Sommers und von einem Erlösungsglauben, der Erwartung ist – keine romantische, sondern eine, die dem Propheten zufolge erfüllt wird, *wenn emol der Sunntig tagt, und d'Engel singe 's Morgelied.* Das wird ein Frühlingstag sein!

Das tägliche Leben ist ein Leben in Erwartung. Darum konnte Hebel, der in Karlsruhe öfter die Wohnung gewechselt hat, auch mit einem gewissen Humor schreiben, er habe erfahren, *dass wir hier keine bleibende Statt* hätten, was nichts mit dem Gedanken zu tun hat, das Leben hier sei nur vorläufig und ein Vorspiel der Ewigkeit. *Schaut aufs Ende,* forderte Hebel seine Leser auf, *wenn alles erfüllt ist, und bis dahin weiß ich meines Ortes zu warten.* Beim Lesen der Offenbarung des Johannes, der Apokalypse, befällt ihn die Wut auf die Rationalisten, den *Calculationsgeist,* mit dem die Theologen an dieses Buch herangehen und es zum *Weltbarometer* machen statt es als Weissagung zu hören.

Heilige Geschichten

Zum Abfassen der „Biblischen Geschichten" kam Hebel ähnlich wie zur Redaktion des Kalenders. Das neu entstandene Großherzogtum Baden, nun konfessionell stark gemischt durch die hinzugewonnenen katholischen Gebiete des Breisgaus und die reformierten Gebiete der rechtsrheinischen Pfalz um Mannheim und Heidelberg, hatte kein Schulbuch, in dem die Bibel für Kinder erklärt wurde. Man könne die „Biblischen Geschichten für Kinder" des katholischen Geistlichen Christoph von Schmid doch bearbeiten, meinte das Consistorium. Hebel aber schrieb aus eigenem Antrieb ein Gutachten, das überzeugte. Man übertrug ihm die Aufgabe, die Bibel für Kinder nachzuerzählen. 1818 ging Hebel mit Feuereifer ans Werk. *Ich schreibe wirklich eine heilige Geschichte für die Kinder… und lebe am Berg Tabor, unter den Palmen von Jericho, am Brunnen Jakobs, am heiligen Grab.* Das war im Dezember. An Ostern 1819 wollte Hebel mit der Arbeit fertig sein, aber, was auf ein paar Monate geplant war, dauerte bis 1823, erst dann konnte Hebel das Manuskript an den Verleger Cotta senden.

Nun haben die „Biblischen Geschichten", obwohl sie Stellen einer meisterhaften Sprache enthalten, kaum den literarischen Rang der „Alemannischen Gedichte" und des „Schatzkästleins". Es erscheint auch fraglich, ob wir gerade hier der religiösen Existenz Johann Peter Hebels am nächsten kommen. So „ganz schlicht", wie einige Biografen meinten, sind die „Biblischen Geschichten" jedenfalls nicht. Hebel hat kräftig eingegriffen, indem er einige Geschichten einfach wegließ, etwa die Erscheinung Gottes vor Mose im brennenden Dornbusch oder die Hochzeit zu Kanaa. Zu Wundern hatte Hebel ohnehin ein gebrochenes Verhältnis. Seine kritische Haltung gegenüber Wundern verführte Hebel bei einer Geschichte sogar dazu, das eigentliche Wunder auf einen ganz anderen Vorgang zu verschieben. Die Speisung der 5000 und das Wunder der Brotvermehrung wird zwar zunächst dem Evangelium gemäß erzählt, aber dann in Verbindung gebracht zu dem göttlichen Geheimnis, dass aus einem Weizenkorn die Ähre herauswächst und sich die Körner ins Unendliche vervielfältigen. *Kein sterblicher Mensch ist imstande, das göttliche Geheimnis und das Wunder zu ergründen ... dass der Segen, der in einem einzigen Saatkorn verborgen liegt, zur Ernährung vieler tausend Menschen genügen kann.*

Das „Körnlein Gold"

Die Bergpredigt Jesu kommentierte Hebel recht eigenwillig: *Aber nicht alles, was Jesus seinen Zeitgenossen sagt, gilt so auch für alle Menschen und alle Zeiten.* Dann fährt er aber doch fort: *Doch sind Sanftmut, Nachgiebigkeit mit Ehre und Klugheit in allen Zeiten zu empfehlen, und schon mancher, welchem die Streitsucht oder die Eigennützigkeit oder die Rachbegierde nicht erlauben wollten, einmal Unrecht zu ertragen, hat sich dadurch in das größte Unrecht gestürzt. In allem, was Jesus gesprochen hat, ist ein Körnlein Goldes für den, der es suchen und erkennen mag.*

Das *Körnlein Gold*, so kann man vermuten, findet man entlang eines Leitfadens, den Hebel selbst gleichsam gezogen hat. Er knüpft ihn an die Heilige Schrift, gibt ihm aber zugleich mit eigener Sprachkraft höchst bezeichnende Windungen. Zum Kauf eines Ackers, in dem der Hirte Abraham, der *noch kein liegendes Eigentum in dem Lande hatte*, sein Weib Sara beisetzen wollte, heißt es: *Das war das erste Eigentum Abrahams und seiner Nachkommen in dem Lande, das ihnen verheißen war, ein Stücklein Ackerfeld und eine Leiche drin.* So armselig also beginnt die allmähliche Erfüllung der Verheißung, die Gott dem Abraham gab. Dem heldenhaften Sieg über die Ammoniter fügt Hebel diesen Kommentar hinzu: *Aber der Verheißene aus der Nachkommenschaft*

Abrahams, in welchem alle Völker sollen gesegnet werden, kommt noch lange nicht! Wiewohl es fängt bereits von weitem an etwas zu werden. Auch David mit seiner Missetat erfüllt die Verheißung nicht: *Es muss noch schlimmer werden, ehe der Verheißene kommt.*

Manches Kind will fragen: ob dies der Verheißene sei? So behutsam verhüllt Hebel seine Frage nach der Geburt von Bethlehem, und so entschieden gibt er die Antwort: *„Ja, es ist der Verheißene."* Aber ganz merkwürdig scheint er die Antwort wieder in die Schwebe zu bringen anlässlich seiner Erzählung vom jungen Jesus, der seine Eltern bei der Wallfahrt verlässt, um im Tempel zu predigen: *Der Verheißene auf einmal wieder verloren* – doch: *Der Verheißene kann nimmer verloren gehen.*

Das entscheidende Wort ist im Kapitel von der „Auferstehung des Herrn" zu sagen. Hebel folgt dem Text der Evangelien und erklärt: *Der Verheißene kann nicht im Grabe bleiben.* Dann aber wird das konkrete Subjekt dieses Satzes zu einem Abstractum: *Die Verheißung kann nicht sterben.* Darin bekundet sich des Christen Johann Peter Hebels Leid, dass die *kleine Weile* bis zur Wiederkunft so schmerzlich lange dauert.

Das „Körnlein Gold" in den Reden Jesu war der Kirchengeneration nach Hebel jedenfalls doch zu klein, die „Biblischen Geschichten" konnten in der Kirche keine Karriere machen. Sie wurden knapp 20 Jahre später als untauglich wieder aus dem kirchlichen Religionsunterricht abgezogen.

Die Bibel – ein Erziehungsbuch

Insgesamt aber scheint Hebels Bibelverständnis wohl zu sehr von den Gedanken der Aufklärung beeinflusst gewesen zu sein. Die Bibel wird als eine Art Erziehungsbuch zum besseren Leben verstanden, eine Anleitung zur Sittlichkeit, folgerichtig fordert Hebel seine Leser auf: *Erwärmt an seiner* (Jesu) *himmelreiner Tugend Euer Herz*. Am Ende seines Aufsatzes „Glaube und Vergeltung" erinnert Hebels Ansicht außerdem sehr an den Nathan aus Lessings Theaterstück: *Wer glaubt und darum gut handelt, weil er glaubt, – den Glücklichen macht sein Glaube selig. Wer aber ohne den Glauben gut handelt, auch dessen wird sich Gott erbarmen. Oder es komme keiner und überrede mich, Gott habe die Menschen so lieb, dass er auch seinen Sohn für sie dahingegeben habe.*

In seinen Gedichten und Geschichten sprach Hebel freier und zugleich auch verschlüsselter über Glaubensdinge. Im „Unverhofften Wiedersehen" deutet die Schlusszeile (*Aber was die Erde einmal wiedergegeben hat, wird sie auch ein zweites Mal nicht behalten*) auf eine ferne Hoffnung auf die Auferstehung hin. Das alemannische Gedicht „Wegweiser", ein *„guter Rat zum Abschied"*, zeigt in alltäglichen Szenen Entscheidungssituationen auf, vor die das Leben einen Menschen stellt – welcher Weg zum Erfolg, zu Frieden und Ehre führt, aber auch, wie man sein Leben vertun kann. Und dann kommt der Moment, an dem man keinen Rat mehr geben kann: *Und wenn de amme Chrützweg stohsch, und nünmme weisch, wo'ane goht* („Wenn Du einmal am Kreuzweg stehst und nicht mehr weißt, wo's hingeht"). Dann muss man seinem Gewissen folgen. Schließlich aber führen alle Wege nur zum Grab. Doch selbst da leuchtet eine Verheißung auf: *Sel Plätzli het e gheimi Tür, und's sin no Sache ehne dra.* („Der Platz hat eine geheime Tür, und es gibt noch Dinge darüber hinaus.")

Andeutungen, aus denen man die Absicht herauslesen kann, das Geheimnis Geheimnis sein zu lassen. Weder der Verstand noch der Glaube selbst kann es erschließen – vielleicht steckt darin mehr Weisheit als in vielen kirchlichen Katechismen.

NEUNTES KAPITEL

Die Kirche und die Konfessionen

Der berühmte Kirchenmann

Die Leistungen auf dem Gebiet der Theologie waren es nicht, die Hebel ins höchste Kirchenamt, das eines Prälaten, brachten. Vielmehr waren es seine Bekanntheit als Dichter und Kalendermann und seine anerkannten Leistungen im staatlichen Kirchen- und Schulwesen. Er war durch den Großherzog schon 1814 in die evangelische Ministerialsektion berufen worden. An die Stelle des täglichen Umgangs mit den Schülern und Kollegen trat mehr und mehr die Arbeit am Schreibtisch, das Vorbereiten von Visitationen, Schulprogrammen und Erlassen. Sein Leben wandelte sich zunehmend, nahm die Gestalt eines Verwaltungsbeamten an, vollends, als er die Redaktion des Kalenders aufgegeben hatte. Mit den neuen Tätigkeiten konnte Hebel sich nicht leicht abfinden – im Gegenteil, er klagte häufig darüber. Nicht einmal Briefe konnte er mehr in der Muße und Häufigkeit schreiben wie in den Jahren zuvor. Viele beginnen mit einer Entschuldigung für das lange Schweigen und in wenigen fehlt die Klage über die Arbeitslast. Die oft zu kurzen Briefe bezeichnete Hebel mitunter als *Zichorienkorrespondenz*, sah sich dauernd *im Dienste*, machte zwar *Bekanntschaft mit der halben Welt* in Sitzungen und Besprechungen, aber empfand dies zugleich als Verlust. Seine Wirtshausbesuche wurden seltener, er traf die Straßburger Freunde nur noch dann und wann und wenn, dann auf der Hälfte der Strecke im Bühlertal.

Zudem hatte er sich mit dem Wandel der weltpolitischen Lage nicht recht anfreunden können. Der von ihm in vielen Kalendergeschichten verehrte Napoleon war nicht nur geschlagen worden, die Preußen, die in seinen Geschichten oft nicht am besten wegkamen, hatten politisch Oberwasser. Hatte Hebel nicht auch einen höhnischen Beitrag gegen Andreas Hofer geschrieben, diesen Rebellen, der die sicheren und gottgegebenen Zustände auf den Kopf stellen wollte?

Sicher, ein „Patriotisches Mahnwort" hatte er auch verfasst, auf Wunsch der Landesregierung, um die badischen Jünglinge zu bewegen die Heimat zu verteidigen. *So steht auf und ist schon aufgestanden, ja bewaffnet ganz Deutschland vom Meer bis ans Gebirge. Alle edlen Stämme deutschen Bluts, der Preuße, der Sachse, die Hessen, die Franken, die Bayern, die Schwaben, was am langen Rhein und an der weitentfernten Donau deutsch spricht und ist, alles ist ein Mann, ein Mut, ein Bund und ein Schwur: Deutschland soll frei sein von der Fremden Joch und Schimpf.* Der Aufruf blieb allerdings unveröffentlicht.

Politisch ohne Urteilskraft?

Am 13. Mai 1814, nach dem Ende der Befreiungskriege, ereiferte sich Hebel gegenüber seinem Freund Hitzig: *Ist um Wahrheit und Freiheit, um Recht, um Rache, um Ehre gekämpft worden, oder war es eine große Schach-Parthie? Womit hat sich dieser Krieg als den heiligen, wofür ihn eine Parthie ausgab, charakterisirt? Mit dem deutschen Nachtmal, das in Sodom gehalten worden? O Zenoides erkennt dein erleuchtetes Auge nicht, dass ein großes Trauerspiel aufgehört hat, und eine Posse an seine Stelle getreten ist.*

Ein Jahr darauf erneuerte Hebel seine Klage: *Was wird aus uns werden? Die Weltangelegenheiten werden immer krauser, Preußen immer hochsprechender, die Maul- und Federdeutschen immer patziger. Der Leichtsinn, die Frivolität immer größer.*

Wird Gott uns noch einmal durch unsere Fehler helfen, wie die Sieger von 1814 einmüthig gestehn, dass es geschehn sey?

Hebels Talent zum politischen Urteil kann man, ohne ihn herabzusetzen, als mäßig bezeichnen. Kein Wunder, dass er sich manchmal irrte. Allein, es war ihm bewusst, dass er kein Politiker war. Er war zunächst und zuerst ein zuverlässiger Gefolgsmann des badischen Großherzogs. Revolutionär dachte er nie. Dies kam gut mit seiner Bekanntheit und seinem Aufstieg in die Ministerialsektion zusammen. Der Staats- und Rechtswissenschaftler Hans Thieme hat zu Recht auf Hebels Stellung als Kalendermann hingewiesen. Der „Rheinländische Hausfreund" sei eben doch ein Stück Propaganda gewesen, die „in politicis nicht ganz ernst zu nehmen, sondern ein Spiegelbild der amtlichen Politik des Landes war". Freilich, so ganz nur Sprachrohr der Landespolitik war Hebel doch nicht. Er reservierte sich einen Winkel persönlicher Freiheit, bedauerte, dass nach dem Wiener Kongress *der Zeiger der großen Weltenuhr wieder so auf einmal auf das Jahr 1789 zurückschnellte … um das hätten die Franzosen nicht nöthig gehabt, einst vor allen Gemeindehäusern Freiheitsbäume und Guillotinen aufzuschlagen.*

Krieg und Gewalt verabscheute Hebel, setzte sich immer ein für den Frieden. Doch Krieg würde immer sein, meinte der Kalendermann etwas resigniert, es dürfe sich niemand beschweren, einen überstehen zu müssen; *es gehört ein solches Müsterlein auch in die Charte unserer Lebenserfahrungen, und es wird wohl auch seine Absicht und seinen Nutzen haben, dass wirs kennen sollen. Aber zweymal wäre zuviel.*

Im Zweifel für den Frieden

Man sollte sich, will man Hebels Haltung zu den politischen Verhältnissen seiner Zeit beurteilen, die Warnung des französischen Germanisten Robert Minder zu Herzen nehmen und Hebel nicht verharmlosen zu einem Verteidiger biedermeierlicher Selbstzufriedenheit. In seiner Dankesrede zur Verleihung des Hebel-Staatsgedenkpreises 1963 nannte Minder Hebel einen „Klassiker der Koexistenz", bei dem „die Elemente der Zusammenarbeit und Versöhnungsbereitschaft" im Vordergrund stünden. „Er spricht für die Zahllosen, ohne die es nach einem Krieg überhaupt keine Friedensmöglichkeit gäbe."

Die vorsichtige Haltung des Ausgleichs machte den Kirchenrat und Verwaltungsmann Hebel jedenfalls für den badischen Großherzog zum rechten Mann, um ihn an die Spitze der Landeskirche zu setzen. Gab es außerdem einen würdigeren Mann für diese herausragende Position als den berühmten Poeten und landesweit bekannten Kalendermacher?

Ja, den gibt es schon, meinte Hebel, als ihm das Amt des Prälaten angetragen wurde. Er verwies auf den befreundeten Kollegen, Kirchenrat Nikolaus Sander, der seit 1791 Professor am Gymnasium illustre in Karlsruhe war. Den Hinweis hätte es nicht gebraucht. Der Großherzog beschied, dann werde man einen Dritten in Betracht ziehen, worauf Hebel zusagte.

Zum Prälaten ernannt

Die Berufung erfüllte ihn schon mit einem gewissen Stolz. Die Zeilen an Henriette Schütz, jene Schauspielerin, die er mehr als zehn Jahre zuvor in Karlsruhe kennen und lieben gelernt hatte, verraten das: *Wie es um mich stand bis 1818, wissen Sie. Seit 1819 bin ich Prälat, Mitglied der Ersten Kammer und trage das Commandeurkreuz des Zähringer Löwenordens. Ich möchte Sie sehen in dem Augenblick, da Sie dieses lesen.*

Über die Reaktion wissen wir nichts. Wohl aber darüber, dass die neue Aufgabe schwer auf seinen Schultern lastete.

Bislang war er nur in der kirchlichen Verwaltung und der Kultusverwaltung tätig gewesen, nun kamen weitere Aufgaben hinzu. Vor allem musste die Landeskirche geordnet werden. Baden waren 1805 große Gebiete zugeschlagen worden: das katholische Vorderösterreich, Freiburg und der Breisgau, auch die rechtsrheinische Kurpfalz, die mehrheitlich reformiert war. Es gab noch keine festen liturgischen Formulare, zudem sollte das Verhältnis zur katholischen Kirche entspannt werden und die beiden evangelischen Konfessionen wenn möglich in eine Kirche zusammengeführt werden.

Für beide Aufgaben schien Hebel der rechte Mann. Um ein entspanntes Verhältnis zur katholischen Kirche hatte Hebel sich schon lange bemüht. In seinen „Alemannischen Gedichten" gab er katholischen Bräuchen und Überlieferungen reichlich Raum. Da floss die Wiese von ihrer Quelle am Feldberg zunächst durch katholisches Gebiet, hört andächtig eine heilige Messe an, „changiert" den Glauben, als sie in Hausen vorüberfließt und wird zum „lutherischen Ketzer" (eine leise, aber auch leicht ironische Verbeugung vor den Katholiken). In anderen Gedichten funkelt *das Weihwasser des Morgens auf den Blüten*, erscheint über Kindern gelegentlich ein Schutzengel. Seiner Freundin Gustave Fecht gestand er als gerade frisch ernannter Kirchenrat, es wäre nach dem Tod seiner Mutter leicht möglich gewesen, ihn katholisch zu machen, *nur damit ich noch für sie hätte beten oder gar sie anbeten können.*

Die Toleranz zwischen Lutheranern und Katholiken, die Hebel selbst als dringend geboten ansah, hat er in einer Kalendergeschichte in hintergründigen Humor verpackt. Die Geschichte „Die Bekehrung" erzählt von zwei Brüdern *im Westfälinger Land*, deren einer lutherisch blieb, während der andere katholisch wurde. Von da an vertrugen sie sich nicht, so dass der Vater den katholischen Sohn wegschickte. Aus der Ferne schrieb dieser an seinen Bruder, es ginge ihm doch im Kopf herum, *dass wir nicht einen Glauben haben und nicht in den nämlichen Himmel kommen sollen, vielleicht in gar keinen. Kannst Du mich wieder lutherisch machen, wohl und gut, kann ich Dich katholisch machen, umso besser!* Die beiden verabredeten sich im „Roten Adler" in Neuwied und klopften sich auf die gängigsten gegenseitigen Vorurteile ab. Die brüderliche Nähe gewann zunächst die Oberhand, gemeinsam besuchten sie erst eine Messe, dann den lutherischen Gottesdienst und mussten sich ohne Entscheidung trennen. Sechs Wochen später die Überraschung: Da *hat der katholische Bruder den lutherischen bekehrt, und der lutherische hat den katholischen bekehrt, und war nachher wieder wie vorher, höchstens ein wenig schlimmer.*

Hebel fügte einige Merksätze an. Der erste: *Du sollst nicht über Religion grübeln und tüfteln, damit du nicht deines Glaubens Kraft verlierst. Auch sollst du nicht mit Andersdenkenden darüber disputieren, am wenigsten mit solchen, die es ebenso wenig verstehen als du … Sondern du sollst deines Glaubens leben und, was gerade ist, nicht krumm machen.* Abbruch des Dialogs? Nein, das meinte er nicht. Eine Bedingung führte Hebel außerdem an: *Es sei dann, dass dich dein Gewissen selber treibt zu schanschieren.*

Das kleine Scharmützel mit der katholischen Kirche wegen der Kalendergeschichte „Der fromme Rat" ist darum wirklich der damals geltenden political correctness geschuldet, eine antikatholische Tendenz konnten nur Ignoranten Hebel unterstellen.

Bei der Frage, ob die katholische Kirche sich denn zu Recht „allein seligmachend" nennen dürfe, verwies Hebel schlicht auf die lutherische Vergangenheit: *Wir warens doch auch!*

Toleranz als Leitfaden

Was die Aussöhnung der Reformierten mit den Lutheranern anging, hatte Hebel gute Karten. Er selbst stammte ja aus einem gemischt-konfessionellen Elternhaus. Der Vater war reformiert, die Mutter lutherisch, die beiden hatten zur Heirat einen Dispens gebraucht.

Als die sogenannten Unionsverhandlungen in Karlsruhe am 2. Juli 1821 begannen, war Hebel dabei. Als die 44 Kirchenvertreter unter Glockengeläut feierlich in die Karlsruher Stadtkirche eingezogen waren, war es an ihm, als ranghöchster Geistlicher das Gebet zur Eröffnung zu sprechen. Er wies auf die gemeinsamen Grundlagen der beiden Konfessionen hin, sprach von der Gegenwart als einer *unbefangeneren Zeit* und als der *versöhnlicheren Nachwelt,* welche die Streitigkeiten von einst nur noch als Missverständnisse zu begreifen vermöge. In die Verhandlungen selbst hat Hebel offenbar nicht aktiv eingegriffen. Aber seine aufgeklärte, ausgleichende Gesinnung war allen bekannt. Unter den Kirchenvertretern waren viele, die ihn als Lehrer kennen und schätzen gelernt hatten. Selbst der vom Großherzog beauftragte weltliche Präsident der Generalsynode, Carl Christian von Berckheim, hatte vor Zeiten am Gymnasium in Lörrach Hebel zum Lehrer gehabt. Die Verhandlungen gingen ohne Streit zu Ende. Die Generalsynode beschloss die bis heute einzige sogenannte Konsensunion, in der beide protestantischen Konfessionen sich nicht nur auf eine gemeinsame Verwaltung einigten (wie etwa in Preußen), sondern sich gegenseitig volle Abendmahlsgemeinschaft zusicherten und die jeweiligen Bekenntnisschriften (die lutherischen Katechismen und den Heidelberger Katechismus) als gleichwertige und gemeinsame Grundlagen annahmen. Die am meisten umstrittene Frage zwischen Reformierten und Lutheranern war das Verständnis des Abendmahls. War Christus in Wein und Brot tatsächlich „leiblich" anwesend, wie die Lutheraner meinten, oder waren Wein und Brot nur „Symbole" der Gegenwart Christi? Nach heftigen Diskussionen einigte man sich darauf, dass man diese Frage nicht grundsätzlich lösen könne, alles bleibe doch im Bereich der Spekulation. Entscheidend sei doch der Glaube desjenigen, der zum Abendmahl gehe, und wie er oder sie Brot und Wein verstehe. Wie Christus in Brot und Wein gegenwärtig sei, das sei – über alle theologischen Klärungen hinaus – schließlich auch Teil des göttlichen Geheimnisses. Diese Lösung, die die Union schließlich doch als „Bekenntnisunion" möglich machte, erinnert an den Zusatz, den Hebel der Kalendergeschichte „Bekehrung" anfügte: „*Du sollst deines Glaubens leben*"? Am 23. Juli 1821 genehmigte Großherzog Ludwig von Baden als „Höchster Bischof" (summus episcopus) die Entschließung der Generalsynode. Für ihre Verdienste ehrte die Theologische Fakultät der Universität Heidelberg Hebel mit der Ehrendoktorwürde. So war aus dem Studenten mit dem mäßigen Examen schließlich doch ein Doktor der Theologie und oberster Repräsentant einer Landeskirche geworden. Viel Aufhebens hat Hebel von dieser Ehre und der Amtswürde nie gemacht. Seinem Freund Gottfried Haufe im Oberland berichtete er vom Besuch der Universitätstheologen aus Heidelberg und bat ihn: *Sagen Sie den Bächlein, dass ich kürzlich mit der Doktorswürde beehrt worden sei von der Universität Heidelberg und dass ich durch diesen Ausdruck öffentlicher Achtung sehr erfreut bin. Die Bächlein tragen es am weitesten.*

Im Landtag

Als Prälat war Hebel gleichzeitig Mitglied der Ersten Kammer des Badischen Landtags geworden. Plötzlich fand er sich in eine Gesellschaft *von Staatsherrn, Grafen, Fürsten und Prinzen des regierenden Hauses* versetzt. Nicht dass er sich unwohl gefühlt hätte, aber Politiker zu sein und Politik zu machen war ihm nicht angenehm. Er scheute die *unselige Landtagstätigkeit*, die ihm auch noch das Amt des Protokollführers aufgebürdet hatte. Zu Wort hat er sich selten gemeldet, nur dann, wenn es um Schulangelegenheiten ging oder um soziale Einrichtungen. Als man ihm am 16. Oktober 1810 – er war Mitglied im Bauausschuss – die Festrede bei der Grundsteinlegung zum neu zu erbauenden Ständehaus, dem ersten Landtag in Baden, anvertraute, war er nicht in der Lage, seinem sprachlichen Können und seiner schriftstellerischen Fähigkeit zu vertrauen. Nach langem Brüten ist eine Ansprache herausgekommen, die sich ganz in den Konventionen einer Huldigung an den bei der Grundsteinlegung anwesenden Großherzog Ludwig bewegte. Die politischen Errungenschaften einer neuen Verfassung – Badens Verfassung war die erste liberale in Deutschland – waren ihm entweder nicht bewusst oder nicht wirklich wichtig. *Von Eurer Königlichen Hoheit Höchstselbst geweiht, wird es* (das Ständehaus) *ein bleibender Zeuge jener huldreichen Gesinnungen sein, womit der allverehrte und geliebte Fürst und Vater seines Volkes Interessen desselben zu umfassen und zu seinen eigenen zu erheben gewohnt ist, selbst glücklich, indem er beglückt.*

Auf den Gebieten, in denen er sich auskannte, war Hebel jedoch durchaus aktiv. Immerhin brachte er in den ersten Sitzungen einige Anträge mit Erfolg ein. Zuerst ging es darum, eine Pensionskasse für brotlos gewordene Geistliche, für hilfsbedürftige Witwen und Waisen zu schaffen. Hebel wusste um die Not dieser Menschen, er hatte jahrelang den „Pfarrwitwenfiskus" verwaltet, der nur notdürftig helfen konnte. Im Bildungsbereich konnte Hebel sich dafür einsetzen, ein zweites evangelisches Lehrerseminar zu schaffen. Im Gegenzug unterstützte er den Antrag des Konstanzer Bischofsverwesers und seines Freundes Freiherr von Wessenberg, eine zweite Ausbildungsstätte für katholische Geistliche einzurichten.

Merkwürdig war allerdings, dass Hebel in aktuelle politische Diskussionen nicht eingegriffen hat, sogar wenn er selbst als Betroffener hätte reagieren können. So wurde Anfang der zwanziger Jahre heftig über die Zensur und die Pressefreiheit diskutiert. Hatte er nicht selbst einmal erlebt, wie demütigend die Zensur sein konnte, als sie ihm wegen des „frommen Rats" die Redaktion des Kalenders verleidet hatte? Hebel war – Ironie des Schicksals – nun selbst Mitglied im Oberzensurkollegium. Es lag ihm einfach nicht, wider den Stachel zu löcken und Aufsehen zu erregen, und die öffentliche Rede scheute er. Hinzu kam: Hebel war kein gewandter Redner, seine Stimme war schwach, er hatte Mühe, sich im großen Sitzungssaal durchzusetzen.

Immerhin brachte die Landtagsarbeit ihn mit einem Mann zusammen, mit dem ihn mehr als nur die gemeinsame Arbeit verbinden sollte: mit dem Freiherrn von Wessenberg, Bistumsverweser in Konstanz. Wessenberg war 14 Jahre jünger als Hebel, hatte Theologie studiert und stand eigentlich vor einer glänzenden Karriere innerhalb der katholischen Kirche. Nach dem Tod des Konstanzer Bischofs 1817 hatte ihn das Domkapitel einstimmig zum Bischofsverweser ernannt. In Rom allerdings hatte Wessenberg keine guten Karten, er war auf dem Wiener Kongress für eine weitgehende Selbständigkeit der Katholischen Kirche in Deutschland eingetreten mit einem eigenen Primas, mit dem Ziel, die konfessionelle Spaltung zu überwinden. Wessenberg wollte darüber hinaus die deutsche Messe einführen und plädierte für eine allmähliche Auflösung des Zölibats. Er scheiterte am Widerstand Roms. Der Papst verweigerte die Zustimmung zur Wahl Wessenbergs zum Bischof von Rottenburg und zum Erzbischof von Freiburg.

Der badische Großherzog aber stand fest zu Wessenberg und hatte ihn in die Erste Kammer des Landtages berufen. Dort mauserte sich der Freiherr zu einem bedeutenden liberalen Politiker im jungen Baden.

Wessenbergs nach heutigen Maßstäben ökumenische Gesinnung war recht nach Hebels Geschmack. Zwar verraten die Briefe wenig über die wachsende Freundschaft zwischen beiden Männern, meist sind es kurze, sachliche Informationen von Hebels Seite, aber Wessenberg war wie Hebel Alemanne, war in Feldkirch nahe Staufen aufgewachsen. Außerdem gab es auch eine literarische Seite der Beziehung: Wessenberg hatte Hebel um Rat gebeten, als er eine Gedichtsammlung veröffentlichen wollte, seine „Blüten aus Italien". Hebel blieb in der Beurteilung recht zurückhaltend, schlug einige Änderungen vor, meinte aber gleich, *es sei schwer und misslich, an Geistesprodukten etwas ändern zu wollen, die soviel Eigentümlichkeit haben, und unverzeihlich fast, wenn diese so lebendige Anschauungen der schönen Natur und Kunstdenkmale wiedergibt und sich in so tiefbewegten Gefühlen und lebhaft hervorspringenden Ideen ausspricht.*

ZEHNTES KAPITEL

Alter ist nicht wirklich schön

*Hebel-Denkmal vor der evangelischen Kirche
in Hausen im Wiesental.*

Sehnsucht nach früher

Der Prälat hatte selbstverständlich eine Dienstwohnung. Das häufige Umziehen Hebels in Karlsruhe war zu Ende. Ein rechtes Zuhause aber scheint er dennoch nicht gefunden zu haben. Seiner Freundin Gustave beschrieb er eher wehmütig, dass nichts mehr vom alten Leben geblieben sei: *Ich habe von allem, was Sie noch kennen, nichts mehr, als die Commode, die mir der Schreiner Müller gemacht hat, und die Zuckerbüchse, welche wirklich im Fach meines Aktenschaftes auf einem bairischen Gesangbuch in meinem Arbeitszimmer steht, wo ich jetzt auch sitze.* Und dann nimmt er Gustave an die Hand und führt sie, die ihn nie besucht hat, durch seine Wohnung: *Rechts ist das Schlafzimmer, ohne Ofen. Ich schlafe diesen Winter seit zwölf Jahren zum ersten Mal wieder im Kalten. Darauf folgt das Esszimmer. Auf der anderen Seite geht es in das Staatszimmer, und weiter in die Bibliothek. Im Staatsgemach stehen wenigstens für 55 Louisd'or Prunkmeubles, die ich nicht brauche, und ist erst nichts, ausgenommen das Stockührlein, wo ich an jemand denke, wenn ich es aufziehe.* Daraufhin überfielen ihn wohl wehmütige Erinnerungen: *O, wie glücklich saß ich einst in Hertingen zwischen den Milchkänsterlein und den nassen Strümpfen und Handzwehlen am Ofenstänglein. Aber freilich 20 Jahre und 63 ist auch ein Unterschied. Möge mir Gott das Glück gewähren, nur noch ein Jahr in meinem Leben mein eigener Herr zu seyn, und zu leben, wo und wie ich will.*

Darüber, wie ein Leben aussehen könnte, in dem er sein eigener Herr wäre, machte er sich andererseits auch wieder lustig. Mit siebzig wolle er um sein Ruhegehalt bitten und dann „heimkommen" nach Baselin seine Geburtsstadt. Er würde sein Geburtshaus mieten (kaufen konnte er es nicht, weil er kein Schweizer Bürger war), würde alle Morgen, *wie es alten Leuten geziemt, in die Kirchen, in die Betstunden gehen*, fromme Büchlein und Traktätlein schreiben und an jedem Nachmittag zur selben Zeit nach Weil

111

hinüberwandern und einen guten Schoppen Markgräfler Wein trinken.

So beschaulich vor sich hin zu leben, das war auch nichts für ihn, das wusste er. Und er gab im Stillen seinen Freunden Recht, wenn sie seine Sehnsucht nach einem dörflichen Leben verlachten und meinten, er könne sich doch nie mehr ans Landleben gewöhnen, *seit dem ich mit goldenen Löffeln esse, und den Caffe mit dem Hut unter dem Arm trinke, und alle Sonntage in die Cour fahre.*

Die Lasten wachsen

Allein – das scheinbar bequeme Stadtleben war alles andere als bequem. Hebel arbeitete sehr viel, war oft dienstlich unterwegs, fand kaum Ruhe. Die Fahrten nach Baden-Baden zum Thermalbad waren seltener als er wünschte und der Stress zehrte an seiner Gesundheit. Mit über sechzig wurden die rheumatische Beschwerden, die ihm schon länger Schmerzen bereitet hatten, häufiger. Erkältungen steckte er nicht mehr so leicht weg, gelegentlich packte ihn auch ein allgemeines Unwohlsein. Der ehemaligen Freundin Henriette klagte er schon mit einundsechzig Jahren: *Ich bin seit zwei Jahren nimmer recht gesund, nie heiter, fast immer trübsinnig, verdrossen zu allem, was ich thun soll, selbst was ich sonst mit Liebe u. Freude that.* Der Gedanke, er könne mit dieser Klage Mitleid auslösen, lässt ihn aber gleich wieder relativieren, was er sagt. Schelmisch lächelt er über seine eingebildeten Schmerzen – oder sind sie doch echt? *Die Hypochondrie kann es nicht seyn, weil ich glaube, sie sey es. Denn man sagt mir, dass die welche mit diesem Übel behaftet sind, es nicht wissen und nicht glauben.* Jedenfalls fand er keinen Trost darin, lange zu leben.

Wenig tröstlich war auch, dass 1824 das Bankhaus Meerwein in Karlsruhe Bankrott anmelden musste und Hebel über 5 000 Gulden verlor. Davon machte er wenig Aufhebens. Ebenso wenig wie von diesem Verlust ließ er die Karlsruher Freunde und Bekannten sowie seine Kollegen von seinen Krankheiten wissen. Er nahm seine Dienstpflichten sorgfältig wahr, ließ sich auf keiner Inspektionsreise vertreten. Wo er auch hinkam versammelten sich oft Bekannte um ihn, er war in diesen Gesellschaften stets guter Laune, war aufgeweckt und steckte voller Geschichten.

Sonntags lud er häufig Freunde und Schüler zu sich in die Wohnung, dann war er „unerschöpflich an neuen Erzählungen", wie ein Schüler in seinem Tagebuch festhielt.

Eine letzte Dienstreise

Am 10. September 1826 reiste er nach Mannheim, um Prüfungen am Gymnasium abzunehmen. Er nächtigte bei der Familie des Gymnasialdirektors Nüsslin, eines seiner ehemaligen Schüler, dem er im Brief schon angekündigt hatte, dass es ihm nicht gut ginge: *Ich komme diesmal – erschrecken Sie nicht – in der Qualität eines Patienten zu Ihnen, doch Gottlob ohne Arzneigläslein, auch ohne das Bedürfnis von Kraftbrühen, zarten Gemüslein etc., nur mit dem Bedürfnis des Stillebens unter einem freundlichen Dach.* Das war vermutlich der Grund, warum der Plan der Schüler des Gymnasiums, einen Fackelzug zu Ehren des Prälaten zu veranstalten, abgebogen wurde. Es kam stattdessen zu einer Bootsfahrt auf dem Rhein. Nüsslin erzählte später, ihrem Boot sei, als sie vom Rhein kommend in den Neckar einbogen, ein zweites Schiff entgegengekommen, geschmückt und mit Musikern besetzt, die „God save the king" spielten. Hebel sei überrascht gewesen, noch mehr, als das Schiff längsseits ging und eine Willkommensrede und ein Hoch mit gefüllten Gläsern ausgebracht wurden, und habe später gesagt, das sei einer der frohesten Tage seines Lebens gewesen. Als die beiden Boote nebeneinander den Neckar hinauf am Ufer entlang fuhren, wo aus den Gärten viele Menschen herüberwinkten, habe Hebel gesagt, es komme ihm vor, als führe er auf Charons Nachen über den Styx und die Leute da drüben wären aus dem Leben geschiedene Schatten, welche die Überfahrt begehrten.

Todesahnung? Vermutlich. Heute glauben Biografen zu wissen, Hebel habe an Krebs gelitten und sehr wohl gewusst, dass der Tod ihm nahe war.

Trotzdem reiste er am nächsten Tag, einem Samstag, dem 16. September, weiter nach Schwetzingen. Er wollte das Wochenende im Haus eines Freundes verbringen. Am Sonntag machte er einen Spaziergang durch den Schwetzinger Schlosspark, musste sich aber am Nachmittag hinlegen, denn er fühlte sich schwach, und willigte ein, dass ein Arzt gerufen wurde. Auf Drängen seiner Freunde sagte er die Reise zu Prüfungen nach Heidelberg ab.

Sein Arzt aus Karlsruhe reiste an, stellte aber fest, dass wenig Hoffnung bestand, Hebel zu retten. Am Morgen des 22. September schloss er für immer die Augen.

Schon am nächsten Morgen wurde er auf dem Schwetzinger Kirchhof beerdigt. Am Grab hatte man den Sarg noch einmal geöffnet und einen Lorbeerkranz auf die Stirn des Toten gelegt. Es war der Überlieferung nach ein sonniger Herbsttag, der ein mildes Licht über die Rheinebene und die nahen Berge des Odenwalds fließen ließ. Sein Grab fand er im Unterland – 14 Jahre nach dem letzten Besuch im Oberland, seiner Heimat *voll Schmelen und Chettenblumen, lustigen Bächlein und Sommervögel, wo es immer duftet, wie aus einem unsichtbaren Tempel heraus, und immer tönt, wie letzte Klänge ausgelütteter (ausgeläuteter) Festtagsglocken mit beginnenden Praeludien mengeliert (vermischt) und verschmolzen, und wo jeder Vogel oberländisch pfeift, und jeder, selbst der schlechteste Spatz, ein Pfarrer und heiliger Evangelist ist, und jeder Sommervogel ein gemutztes Chorbüblein, und das Weihwasser träufelt unaufhörlich und glitzert an jedem Halm.*

Lebensdaten

1760	10. Mai: Johann Peter Hebel in Basel geboren. Vater: Johann Jakob Hebel, Leineweber aus Simmern; Mutter: Ursula geb. Oertlin aus Hausen im Wiesental.
1761	Tod des Vaters und der einen Monat alten Schwester Susanne. Schulen: Volksschule in Hausen, Lateinschule in Schopfheim. In den Sommermonaten
1766–1768	Gemeindeschule St. Peter und
1772	Gymnasium am Münsterplatz in Basel.
1773	Tod der Mutter.
1774	Vorzeitige Konfirmation. Eintritt ins Gymnasium illustre in Karlsruhe.
1775	Vorzeitiger Übertritt in die „Prima", den dreijährigen Schlusskurs für angehende Theologen.
1778	Abschlussexamen, öffentliche Disputation. Beginn des Theologiestudiums an der Universität Erlangen.
1780	Rückkehr nach Karlsruhe, Examen. Hebel ist „Kandidat des geistlichen Amtes" ohne Anstellung.
1780–1783	Hauslehrer bei Pfarrer Schlotterbeck in Hertingen.
1782	Ordination und Mithilfe bei der Seelsorge in Hertingen und Tannenkirch.
1783	Ernennung zum Präzeptoratsvikar am Pädagogium in Lörrach.
1788	Beginn der Freundschaft mit Gustave Fecht.
1791	Berufung als Subdiakon ans Karlsruher Gymnasium. Im Dezember erste Predigt in Karlsruhe.
1792	Beförderung zum Hofdiakon. Freundschaft mit Kirchenrat Nikolaus Sander.

1796	Erste Reise ins Oberland: entscheidende Aussprache mit Gustave Fecht.
1798	Ernennung zum außerordentlichen Professor.
1800	Erste alemannische Gedichte.
1802	Suche nach einem Verleger für die „alemannischen Gedichte". Einladung zur Subskription. Korrespondierendes Mitglied der Gesellschaft der Ärzte und Naturforscher Schwabens.
1803	„Alemannische Gedichte" bei Macklott.
1808	Direktor des Gymnasiums. Gastspiel der Schauspielerin Henriette Hendel in Karlsruhe.
1809	Mitglied der evangelischen Kirchen- und Prüfungskommission.
1811	Das „Schatzkästlein des rheinischen Hausfreundes" erscheint in Stuttgart.
1812	Letzte Reise ins Oberland.
1814	Berufung in die evangelische Ministerialsektion; Rücktritt von der Direktion des Gymnasiums. Hebel gibt die Kalenderredaktion auf.
1815	Zusammentreffen mit Goethe.
1817	Übernahme des Direktoriums des altbadischen evangelischen Pfarrwitwenfiskus.
1818	Beginn der Arbeit an den Biblischen Geschichten.
1821	Ernennung zum Prälaten der evangelischen Landeskirche – damit ist Hebel Mitglied der Ersten Kammer des Badischen Landtags.
1820	Ritterkreuz und Kommandeurkreuz des Zähringer Löwenordens.
1821	Generalsynode zur Union der lutherischen und reformierten Kirche in Baden. Ehrendoktor der Theologischen Fakultät der Universität Heidelberg.

| 1824 | Die „Biblischen Geschichten" erscheinen bei Cotta. Ende der Lehrtätigkeit am Gymnasium. |
| 1826 | Hebel stirbt am 22. September in Schwetzingen. |

Bibliografie

Quellen

Werke, zweite Ausgabe in drei Bänden, mit einer Beschreibung von Johann Peter Hebels Leben von Adolf Preuschen, Karlsruhe 1853

Gesammelte Werke in zwei Bänden. Aufbau-Verlag Berlin 1958

Briefe. Gesamtausgabe, hrsg. v. Wilhelm Zentner, Karlsruhe 1939

Biografien

Altwegg, Wilhelm: Johann Peter Hebel, Leipzig 1935

Däster, Uli: Johann Peter Hebel in Selbstzeugnissen und Bilddokumenten. Reinbek bei Hamburg 1985

Liebrich, Fritz: Hebel und Basel, Basel 1926

Ritzel, Wolfgang: Johann Peter Hebel, Mannheim 1989

Zentner, Wilhelm: Johann Peter Hebel, Eine Biografie, Karlsruhe 1965

Monografien

Benrath, Gustav Adolf: Johann Peter Hebel und seine evangelische Kirche. Schriftenreihe des Hebelbundes, Steinen 1996

Eisinger, Walther: „... und fällt deswegen auch in Gottes Sprache". Beiträge zu Johann Peter Hebel, Philipp Melanchthon, zu Homiletik und Religionspädagogik sowie ausgewählte Predigten. Heidelberg o. J.

Knopf, Jan: „... und hat das Ende der Erde nicht gesehen." Hebel, der Kosmopolit, in: TEXT + KRITIK 151. München 2001

Köhler, Oskar: Johann Peter Hebel. Hamburg 1980

Rehm, Walter: Begegnungen und Probleme. Studien zur deutschen Literaturgeschichte. Bern 1957

Schaffer, Hannelore: Schatzkästlein des Rheinischen Hausfreundes. Ein Werk in seiner Zeit. Tübingen 1980

Über Johann Peter Hebel. Reden von Theodor Heuss, Carl J. Burckhardt, Wilhelm Hausenstein, Benno Reifenberg, Robert Minder, Werner Bergengruen, Martin Heidegger, Tübingen 1964

Bildnachweis

S. 2: Philipp Jakob Becker, Bildnis von Johann Peter Hebel (Ausschnitt) um 1808 (?), Pastell auf Papier, Historisches Museum Basel; S. 14, 110: Gemeinde Hausen im Wiesental mit Dank für die freundliche Abdruckgenehmigung; S. 32: Doppelbildnis des Johann Peter Hebel und der Elisabeth Baustlicher, von Carl Joseph Alois Agricola, Karlsruhe, 1814 datiert, Pinselzeichnung mit Deckfarben, Historisches Museum Basel; 57: Stich v. Friedrich Weber (1814); S. 86: wikipedia/Wladyslaw, gemeinfrei/GNU.

Wir danken für die freundlichen Abdruckgenehmigungen. In wenigen Fällen konnten die Rechtsinhaber nicht ermittelt werden. Der Wichern-Verlag ist dankbar für Hinweise.

Zitate

Er ist naiv – er ist von alter Kunst erhellt und von neuer erwarmt – er ist meistens christlich-elegisch – zuweilen romantisch-schauerlich – er ist ohne Phrasen-Triller – er ist zu lesen, wenn nicht einmal, doch zehnmal, wie alles Einfache. Mit andern, noch bessern Worten: Das Abendrot einer schönen friedlichen Seele liegt auf allen Höhen, die er vor uns sich hinziehen läßt – poetische Blumen ersetzt er durch die Poesie.
Jean Paul

Wünschen wir sodann dem Oberrhein Glück, daß er des seltenen Vorzugs genießt, in Herrn Hebel einen Provinzialdichter zu besitzen, der von dem eigentlichen Sinne seiner Landesart durchdrungen, von der höchsten Stufe der Kultur seine Umgebung überschauend, das Gewebe seiner Talente gleichsam wie ein Netz auswirft, um die Eigenheiten seiner Lands- und Zeitgenossen aufzufischen und die Menge ihr selbst zur Belustigung und Belehrung vorzuweisen.
Johann Wolfgang von Goethe

Der freundliche, aufgeklärte Johann Peter Hebel: Dies Schrifttum ist selber, was sein erstes Aroma angeht, Dorfleben aus Haus, Acker und Jahreszeiten, aus Arbeit, Kirche und Tod; ein Kreislauf, reich gesprenkelt wie das Wetter, fest wie der Kalender … Bis in den letzten Winkel ist der Satzbau vom Mundklang des Dialekts erfüllt, von der Sonne eines Bibeldeutsch beschienen, das zu dem Bauern wieder zurückkehrt. Hier ist der Stil unmittelbar, was er in allem großen Schrifttum (streng bei Kafka, hart bei Brecht) so indirekt wie unverloren mit sich führt: Landluft. Nichts kann der „spateren Heimatkunst" ferner sein als die Kalendergeschichte im weitesten Sinn, als ihr biblisch erzogener, bedenkender Ton.
Ernst Bloch

Wenn ich mir erlauben darf, als Reinigungsbad der Seele viel Hebel (mit einem b), Kleist und Schopenhauer zu empfehlen – das fegt die Ecken aus.
Kurt Tucholsky

Hebel aber blieb lebendig … nicht bloß deshalb, weil die Dankbarkeit des alemannischen Volkstums den Mann trägt, die Dankbarkeit dafür, dass er die Heimatsprache sozusagen druckreif gemacht hat, sondern weil in diesem bewussten und begrenzten Provinzialismus der Gedichte ein Weltgefühl umfasst ist, und weil in diesen mit sehr viel Zeitluft und mit aktuellem Zeitgeschehen angefüllten Anekdoten der Unterton des Bleibenden, des Gültigen, des Ewigen, des Ewig-Menschlichen mitklingt. … Er steht nicht in der Geschichte der deutschen Theologie, sondern in der Geschichte der deutschen Frömmigkeit, und diese wäre ärmer ohne die Melodie dieses Menschentums.
Theodor Heuss

Ich weiß nur, dass ich als erstes Buch einen Band von Hebel geschenkt bekam und dass ich diese Geschichten immer wieder gelesen habe; ich bin sicher, dass sie nicht ohne Einfluss auf mich geblieben sind.
Heinrich Böll

Hebelton ist Bibelton. Hebels Kalendergeschichten sind getragen von der Lutherbibel. Sie ist – neben dem Alemannischen – Hebels Muttersprache und darum auch Matrix seiner Schriftstellerei.
Johann Anselm Steiger, Germanist